국제주의 전통 자료집

II-2. 자본주의와 그 경제 위기

알렉스 캘리니코스, 크리스 하먼 외 지음

이정구 엮음

국립중앙도서관 출판예정도서목록(CIP)

자본주의와 그 경제 위기 / 지은이: 알렉스 캘리니코스, 크
리스 하먼 외 ; 엮은이: 이정구. -- 서울 : 책갈피, 2018
    p. ;   cm. -- (국제주의 전통 자료집 ; 2-2)

원저자명: Alex Callinicos, Chris Harman
ISBN 978-89-7966-145-3 04300 : ₩9000
ISBN 978-89-7966-155-2 (세트) 04300

노동자 계급[勞動者階級]
자본 주의[資本主義]

332.64-KDC6
305.5620941-DDC23   CIP2018026142

국제주의 전통 자료집

Ⅱ-2. 자본주의와 그 경제 위기

알렉스 캘리니코스, 크리스 하먼 외 지음

이정구 엮음

책갈피

차례

Ⅱ-2. 자본주의와 그 경제 위기

엮은이 머리말   7

제3부 경제 위기의 근본적 원인

공황에 대한 이해   10

동아시아 신흥공업국들의 위기   32

새로운 세계 불황   52

공황은 어떻게 일어나는가?   62

왜 세계는 지금 경제 위기에 직면했는가?   72

경제 위기를 해부한다 — Q&A   88

자본주의는 왜 고장났고, 대안은 무엇인가?   102

자본주의의 미래 — 현 경제 위기의 원인과 전망   120

제4부 《자본론》

마르크스와 《자본론》 ① : 신비화된 체제의 베일을 벗기다 139

마르크스와 《자본론》 ② :
          자본주의 상품 가치의 비밀을 들춰내다   143

마르크스와 《자본론》 ③ : 이윤은 어디서 나오는가   147

마르크스와 《자본론》 ④ :
          왜 자본주의에서 경제 위기는 필연인가   151

《자본론》 코드 풀기   155

마르크스의 《자본론》, 어떻게 이해해야 할까?   174

제5부 시장과 자본주의의 대안

국가가 시장의 광기를 치료할 수 있을까?   187

누가 위기의 진정한 해결책을 갖고 있는가   192

시장의 공세에 맞설 대안경제 체제는 어떻게 가능한가?   199

자기조정적 시장의 허구성을 통렬하게 비판하다   205

시장도 국가도 아닌 대안?   212

과연 계획경제는 궁핍을 초래하고야 말까요?   219

과연 시장경제가 대안일까?   227

자본주의는 그나마 나은 대안인가?   232

계획경제는 불가능한가?   237

사회주의와 공산주의 — 새로운 세계를 만들기   241

Ⅱ-1. 자본주의와 그 경제 위기

엮은이 머리말

제1부 신자유주의와 대안들
신자유주의란 무엇인가?
남반구 신자유주의 - 적의 적이 항상 친구인 것은 아니다
신자유주의에 대한 피에르 부르디외의 비판
한-EU FTA: 신자유주의 유럽연합
시장경제의 신화를 들춰낸 경제학자 케인스
케인스주의가 긴축의 진정한 대안이 될 수 있을까?
미국경제 - 실패한 패러다임
우리 사회는 왜 이토록 불평등할까?
저들이 민영화를 추진하는 이유
닥쳐온 민영화, 무엇이 왜 문제인가?
민영화가 민간의 자율성과 선택권을 늘리는가
민영화, 협동조합, 그리고 국유화
자유시장의 신화와 민영화
자본주의와 금융의 관계
금융수탈체제론, 어떻게 볼 것인가
금융화와 금융자본만이 주된 문제인가?
WTO 체제 — 국경은 사라지는가?
쌀 시장 개방을 어떻게 볼 것인가
수입 개방 문제에 대한 사회주의자들의 테제
아셈 반대 투쟁에서 배우기
행동하는 지성 부르디외를 추모하며
신자유주의의 대안

제2부 세계화: 신화와 진실
세계화의 신화에 대한 도전
세계화에 대한 과장
동아시아의 위기와 계급 투쟁 시험대에 오른 세계화
1999년 시애틀, 세계적 운동이 탄생하다

엮은이 머리말

이 자료집에 실린 글들은 노동자연대와 그 유관단체들이 발간한 신문과 잡지 등에서 일반성이 비교적 높은 글들을 추려 내어 주제별로 묶은 것이다.

자료집이 지닌 장점은 시간이 흘러도 그 진가가 사라지지 않을 좋은 글들을 선별하여 묶어 놓았다는 것인데, 이 자료집에 실린 글들도 그런 것이기를 바란다. 독자들은 이 자료집을 참고 자료나 교육 자료 등으로 유용하게 활용할 수 있을 것이다.

이 자료집은 이런 장점 외에, 독자들이 염두에 둬야 할 약점도 있다. 첫째, 자료집에 실린 글들이 발표된 때의 맥락을 설명하지 못했다. 물론 글을 읽어 보면 글이 작성된 취지를 대체로 파악하거나 짐작할 수 있을 것이다.

둘째, 많은 글들을 자료집으로 묶다 보니 용어의 통일, 맞춤법, 띄어쓰기 등에서 오류가 많을 수도 있다. 예를 들어, 예전에는 동성애자라는 표현을 많이 사용했지만 지금은 동성애자보다는 성소수자라는 용어를 쓴다. 특정 시기에 사용된 용어는 그 나름의 역사성을 지니고 있으므로 이 자료집에서는 오늘날 사용하는 용어로 일괄적으로 바꾸지 않았다. 또, 맞춤법이나 띄어쓰기도 세월이 지나면서 바뀌었다. 그래서 현재의 것으로 교정돼야 할 어구들이 많다. 그러나 바로잡지 못하고 놓친 부분이 많을 것이다. 독자들의 너그러운 양해를 부탁드린다.

셋째, 같은 주제의 글들을 모았기 때문에 여러 글의 내용이 중복되는 경우도 적지 않다. 이런 중복의 문제에 대해서는 엥겔스의 방식을 따랐다. 엥겔스는 마르크스의 초고를 모아 《자본론》 3권으로 편집하면서 이렇게 밝혔다. "반복도 주제를 다른 각도에서 파악하든지 다른 방법으로 표현한 경우에는 그 반복을 버리지 않았다."(《자본론》 3권 개역판 서문)

넷째, 혁명가들이 혹심한 탄압을 받던 시기에 작성된 글 중에서 필자를 확인하지 못해 필자를 명시하지 못한 경우가 있다. 이것은 엮은이가 의도한 것이 결코 아니라는 점을 밝혀 둔다.

그 외에도 다른 오류들이 편집 과정에서 있을 수 있는데, 이것들은 엮은이의 잘못이다.

이 자료집이 나오기까지 몇몇 동지들이 도움을 줬다. 인쇄된 문서를 타이핑해 파일로 만들어 준 박충범 동지와 책을 디자인해 준 장한빛 동지에게 감사드린다. 방대한 양의 원고를 나와 함께 검토해 준 책갈피 출판사 편집부에도 감사드린다.

2018년 7월 10일
엮은이 이정구

제3부
경제 위기의 근본적 원인

공황에 대한 이해

20세기 자본주의에서 두 번째 대공황은 1973년 10월의 석유 파동과 함께 시작했습니다. 저는 1930년대 공황 그리고 1974~1975년부터 시작되어 아직도 대공황이 효과를 미치고 있다고 봅니다.

경제가 정상적으로 잘 나가다가 아래로 꺾인 상황이 공황입니다. 우리 나라가 박정희 시대부터 고도 성장을 통해 경제가 잘 나가다가 갑자기 팍 꺾여 버렸습니다. 이 꺾인 국면이 바로 공황입니다.

그러나 우리 나라에서는 자꾸 공황을 '경제 위기'라고 말합니다. 공황(crash)과 경제 위기(crisis)는 다른 것입니다. 예를 들어 "저 사람의 병이 위기다"라고 말할 경우 사람이 죽을지 살지 모른다는 이야기예요. 죽을지 살지 모르는 그 갈림길에 있는 것을 위기에 있다고 이야기한다구요. 그런데 공황은 완전히 생사가 판명난 상태입니다.

김수행. https://wspaper.org/article/237. 이 글은 2001년 6월 말에 월간 〈다함께〉가 주최한 '여름방학 맞이 정치경제학 교실'에서 김수행 교수가 강의한 "공황론과 현대 자본주의"를 녹취한 것이다.

완전히 붕괴된 것으로 판명난 국면을 공황이라고 한다면, 호황의 말미에서 호황이 지속될 것인지 아니면 붕괴할 것인지가 곧 판가름 나는 위급한 상황을 경제 위기(crisis)라고 합니다.

자동붕괴설

마르크스는 《자본론》에서 왜 자본주의가 잘 나가다가 이렇게 한 번씩 붕괴하는지 분석하고 있습니다.

자본주의는 공황 → 불황(디프레션) → 회복 → 호황이라는 주기를 갖습니다. 마르크스가 살던 시대였던 19세기 중엽의 자본주의는 공황에서 호황까지 대체로 10년의 주기를 가지고 운동을 했습니다.

마르크스가 말한 공황은 자본주의가 망하는 그런 공황이 아닙니다. 자본주의에는 여러 가지 모순을 스스로 해결하는 양 측면이 존재합니다. 마르크스가 말한 공황이라는 개념에는 여러 가지 문제점 때문에 공황이 생겼다가 이 공황 중에 문제점이 해결되면서 다시 호황이 온다는 뜻이 있습니다. 결국 마르크스는 공황을 자본주의 멸망이라고 생각한 적이 없습니다.

반면, 제2인터내셔널에 있던 여러 사람들은 경제 자체의 문제점 때문에 자본주의가 망한다고 생각했습니다. 그들은 자본주의의 자동 붕괴설을 주장했습니다.

베른슈타인이나 카우츠키는 자본주의가 경제적인 이유 때문에 자동 붕괴한다고 생각했습니다. 그러나 자본주의 자동 붕괴설은 마르크스의 본의와 전혀 다릅니다.

공황 시기에는 자본주의가 형편없는 체제이고 자본주의를 타도해야 한다는 주장이 상당히 먹혀 듭니다.

우리 나라의 경우 1997년 국제통화기금(IMF) 신탁통치에 들어가기 전까지는 이 체제가 좋다고 했습니다. 박정희가 좋고 어떻고 저떻고 했는데 IMF가 터지자 그게 아니라는 것을 다 알았어요.

공황이 발생하는 환경

공황을 설명하는 방법에는 여러 가지가 있어요. 첫째는 자본주의의 무계획성입니다. 자본주의는 중앙에서 계획을 하는 것이 아니고 각각의 기업이 자기가 알아서 상품을 생산합니다. 생산한 상품이 시장에 나와서 비로소 수요와 맞춰 볼 수 있습니다. 따라서 구매자의 수요량과 공급자의 공급량이 같을 수가 없습니다. 이런 것을 무계획성이라고 합니다.

'새로운 사회'가 되면 한편으로는 자원이 있을 겁니다. 인적 자원이 있고, 물적 자원이 있고, 토지가 있고, 숙련된 노동 전문가들이 있다구요. 반대쪽에는 주민들의 필요(needs)가 있어요. 주민들이 일 년에 양말을 몇 켤레, 옷을 몇 벌, 그리고 쌀을 얼마나 먹고 자동차가 몇 대가 필요하고 컴퓨터가 몇 대가 필요하고 병원은 몇 동을 더 지어야 하는가 하는 주민들의 필요라는 수요와 수요만큼 공급할 수 있는 여력이 있어요. 이것이 계획입니다.

그러나 자본주의 사회에서는 이런 것이 전혀 없어요. 이것을 무정부성 — 아나키 — 이라고도 이야기해요.

자본주의 사회의 공황은 언제나 물건이 너무 많다는 것입니다. 한보철강이 1997년 1월에 망했어요. 왜 망했어요? 공장을 엄청 크게 세웠는데 해외에서 수요가 그만큼 없었어요. 그러니 물건이 안 팔렸겠죠. 물건이 안 팔리니까 은행에서 꾼 돈을 못 갚는 게 되죠. 그리고 도산을 하죠.

공황은 그렇게 시작하는 거예요. 그래서 언제나 자본주의 공황은 공급이 수요보다 많을 때 나타납니다. 가격이 폭락해요. 자기가 얻은 이윤으로 이자를 갚을 수 없을 때 도산을 하죠. 이것이 다른 분야로 번지고 은행으로 번져서 공황이 오는 거예요.

그렇기 때문에 무계획성이 공황을 오게 하는 하나의 요인임은 틀림없죠. 그러나 공황의 원인이 무계획성 때문이라고만은 얘기할 수 없어요. 자본주의가 잘 나갈 때는 무계획성이 없었을까요? 자본주의는 처음부터 무계획적인데도 잘 나갔어요. 그래서 자본주의의 무계획성을 가지고 공황의 원인이라고 하면 안 되죠. 자본주의의 무계획성은 공황이 일어나는 환경일 뿐입니다.

둘째는 화폐경제입니다. "자본주의는 화폐경제이기 때문에 공황이 온다." 마르크스가 한 말입니다. 부르주아 경제학에서는 "화폐경제이기 때문에 공황이 없다"고 이야기해요. "과잉생산 공황이 없다." 자꾸 이렇게 주장해요. 리카도가 그렇게 주장했을 때 기본 생각은 자본주의 사회를 물물교환으로 보는 거예요.

예컨대 제가 컴퓨터를 가지고 있어요. 다른 사람이 자동차를 가지고 있어요. 나는 컴퓨터를 가지고 있는데 자동차를 원해요. 어떤 사람은 자동차를 가지고 있는데 컴퓨터를 원해요. 두 사람이 시장에서 만났어요. 시장에서 만난 두 사람은 서로 주고 받고 사고 팔고 해요. 그러면 자동차를 생산하는 친구는 자동차를 주고 컴퓨터를 받고 컴퓨터를 생산하는 친구는 컴퓨터를 주고 자동차를 받겠죠. 컴퓨터는 완전히 팔린 거에요. 과잉생산할 게 없죠. 서로 물건을 교환해 버리니까 자동차에 대한 수요·공급이 똑같고 컴퓨터에 대한 수요·공급이 똑같으니 여기서 과잉이 나올 턱이 없겠죠. 물물교환을 한다면 자본주의 사회에서 과잉 생산이라는 얘기를 할 수가 없어요.

그러나 만약 화폐경제라면 컴퓨터를 가진 사람이 화폐를 가진 사람에게 컴퓨터를 팔겠죠.(이 화폐가 어디에서 나왔는지 모르지만 자기도 뭐를 팔아서 이 화폐를 얻었겠죠.) 그는 화폐로 자동차를 삽니다.

화폐로 예금도 할 수 있어요. 모든 물건을 살 수 있는 것도 화폐에요. 그렇기 때문에 화폐를 금방 지출할 필요가 없어요. 컴퓨터를 가진 사람이 컴퓨터를 팔아서 화폐를 얻었다구요. 그러면 이 친구가 금방 자동차를 살 필요나 이유가 없다 이 말이예요. 자동차 값이 내릴 때까지 기다리면서 돈을 은행에 예금해 둘 수도 있죠. 화폐가 중간에 들어가면 자동차를 지금 당장 팔 수가 없다는 문제가 생기죠. 과잉생산의 문제가 생겨요.

그것은 화폐 때문이죠. 화폐로 어느 물건을 언제라도 살 수 있기 때문에 화폐를 주머니에 넣고 있으면 그 물건을 안 사죠.

그래서 마르크스는 화폐가 상품들의 교환 수단과 유통 수단이 되면 공황의 가능성이 있다고 했죠. 물물교환에서 판매와 구매는 언제나 일치하지만 화폐가 들어가면 판매와 구매는 시간적으로 괴리를 낳을 수가 있죠. 공간적으로도 판매와 구매는 일치하지 않죠. 서울에서 팔지만 구매는 부산에서 이뤄질 수 있죠.

그렇다고 해서 화폐경제가 공황의 원인이라고 말할 수는 없어요. 왜냐하면 공황이 터지지 않고 경제가 잘 나갈 때도 화폐가 있었으니까요. 화폐 경제는 공황이 발생하는 환경일 뿐입니다.

공황의 원인

1. 과소소비설

과소소비설은 이런 얘기입니다. 노동자들의 임금이 적기 때문에 소비재가 많이 생산되더라도 소비재가 다 팔리지 않습니다. 그렇기 때문에 소비재가 과잉생산되죠.

예컨대 소비재 가운데 하나인 라면을 모두 노동자들이 사 먹는다고 생각해 봅시다. 그런데 자본가들은 늘 노동자의 임금을 계속 낮추려고 해요. 왜냐하면 임금은 비용이기 때문이죠.

그런데 라면 공장 옆의 컴퓨터 공장 사람들을 볼 때 이 사람들의 임금을 낮추면 라면이 안 팔리겠죠. 이 사람들의 입장에서 볼 때 임금은 비용만이 아니라 유효수요예요. 라면 공장에서도 자기 노동자들의 임금을 될 수 있는 대로 줄인다면 임금이 막 내려가니까 컴퓨터가 안 팔려요. 이런 식으로 연결되는 거예요.

소비재를 생산하는 라면 공장이 생산을 축소합니다. 생산을 축소하면 두 가지 일이 벌어집니다. 하나는, 당장 실업자가 생깁니다. 두 번째는, 라면 생산 규모를 낮추면 밀가루 수요가 줄어들고 또 라면을 만드는 기계의 수요가 떨어집니다. 생산수단인 원료와 기계 생산 부문의 수요가 떨어집니다. 밀가루를 생산하는 공장과 기계를 생산하는 공장에서도 생산의 축소가 일어나겠죠.

임금이 낮음으로 말미암아 소비재 산업이 침체를 겪고 소비재 산업이 침체를 겪으니까 생산재 산업이 침체를 겪고 그래서 경제 전체가 침체합니다. 이것이 과소소비설의 기본입니다.

그러나 마르크스는 이 이론을 굉장히 싫어했어요. 이 이론에 따르면 노동자에게 임금을 높여 주면 공황이 안 일어나는 거죠. 이것은 자본주의를 전혀 모르는 말도 안 되는 주장입니다. 자본주의는 기본으로 이윤을 추구합니다. 자본가들이 이윤을 얻는 경제입니다. 이윤을 많이 얻으면 많이 투자합니다. 자본가들이 이윤을 많이 얻을수록 새로운 기계를 도입하고 새로운 생산 방법을 찾아 내죠. 그리고 호황으로 가는 것입니다. 그래서 '임금이 낮으면 오히려 호황이 온다'고 합니다.

이것은 자본주의를 살리기 위해 노동자들 죽으라는 이야기가 아니고 오히려 그 반대입니다. 자본주의 체제 하에서는 자본주의 체제를 유지하면서 거기에서 노동자들이 이익을 본다는 것은 굉장히 한계가 있습니다.

유럽에서는 사회민주주의가 굉장히 발달해 있지요. 지금 영국에서는 노동당, 독일에서는 사회민주당이 집권당입니다. 두 당 모두 다 사회민주주의입니다. 사회민주주의의 기본 이념은 자본주의 체제를 유지하면서 그 안에서 노동자 계급의 이익을 극대화시키는 것입니다.

그러나 자본주의가 공황에 빠지니까 사회민주주의가 딜레마에 빠집니다. 이 상황에서는 자본주의를 살리면서 노동자 계급의 이익을 보호할 수가 없어요. 자본주의가 잘 나갈 때는 자본가가 이윤을 덜 먹고 그 나머지를 사회보장제도에 투여해 복지국가를 유지했어요. 공황이 발생하자 사회민주당은 자본주의를 살리기 위해 오히려 노동자들의 임금을 억압했습니다. 그렇기 때문에 자본주의 사회에서 노동자 계급의 상태를 개선한다는 것은 상당히 제한적입니다.

특히 공황에서 자본주의 체제를 유지하면서 노동자 계급의 이익을 옹호한다는 것은 거의 불가능합니다. 마르크스의 이야기는 노동자들의 이익 옹호만이 아니라 노동자들이 착취로부터 해방돼야 한다는 것입니다. 자본주의 체제를 타도해야 한다는 명제가 그에게서 나옵니다.

상품 가격에 뭐가 들어 있겠어요? 상품의 가격에는 기계와 건물의 감가상각액(기계와 건물이 1년 동안 마모되는 돈 = 1년 동안 생산되는 생산물/전체 상품량)과 원료비가 들어가요. 또 포함되는 것이 임금입니다. 그리고 자본가들이 얻는 이윤이 포함돼 가격을 구성합니다.

그렇기 때문에 임금으로 상품을 다 살 수가 없습니다. 임금을 아무리 합쳐도 이 상품의 가격과 같지 않습니다. 마르크스가 늘 이야기하듯이 임금 노동자는 언제나 과잉 생산자입니다. 물론 산업의 종류에 따라 임금 비중은 다릅니다.

경기가 끝에 가서 굉장히 좋을 때가 호황입니다. 완전 고용 상태로서 경기 순환 전체로 봐서 임금 수준이 가장 높은 때입니다. 오히려 임금이 높기 때문에 문제가 생겼다고 말할 수도 있습니다. 그렇기 때문에 과소소비설은 논리적으로 맞지 않습니다.

2. 이윤율 저하 경향

마르크스는 《자본론》 제3권 제5편에서 이윤율 저하 경향의 법칙(TRPF)을 설명합니다. 마르크스는, 기본적으로 자본가들은 이윤을 얻는 데 목적이 있다고 보았습니다. 이윤율이 낮아진다는 것은 투자할 수 있는 금액 자체가 결국엔 줄어드는 것을 뜻합니다. 바로 여기서 문제가 생깁니다. 마르크스는 공황 이론을 이윤율 저하 경향의 법칙에서 도출하고 있습니다.

일년 동안 얻은 이윤량, 1년 동안 얻은 잉여가치량을 's'라고 합시다. 처음에 자본가는 기계와 원료라는 불변자본(c)과 노동자를 고용하는 데 드는 돈인 가변자본(v)에 투자합니다. 자본이 축적되는 과정에서 이윤율이 올라가든지 내려가든지 하는 이윤율의 변동이 있습니다. 만약 이 과정에서 이윤율이 떨어지면 공황으로 가는 것입니다.

자본 축적 과정에서 이윤율이 어떤 식으로 움직이는지 알아 보기 위해 이윤율 공식 s/(c+v)를 살펴봅시다.

마르크스는 어떤 상품의 가치가 얼마인지 이야기할 때 상품에 들어가는 원료와 기계값 전부가 상품의 가치에 그대로 이전된다고 말합니다. 반면, 노동자의 임금은 다릅니다. 노동자는 임금을 받고 일합니다. 노동자는 노동을 통해 가치를 창조합니다. 마르크스는 《자본론》에서 노동만이 가치를 창조한다고 말합니다. 노동자가 하루에

10시간 일했으면 10시간만큼의 가치를 창조합니다. 노동자의 노동시간은 임금에 해당하는 필요 노동시간과 잉여가치가 만들어지는 잉여 노동시간으로 구성됩니다. 마르크스는 노동자의 잉여 노동이 이윤의 원천이라고 이야기했습니다.

자본가들은 자본 축적 과정에서 될 수 있는 한 노동 생산성을 많이 올리려고 합니다. 노동 생산성을 높이면 그만큼 물건을 싸게 만들 수 있기 때문입니다. 시장 가격은 100인데 자본가가 물건을 80으로 만들어 100에 팔면 20의 초과이윤을 얻습니다. 자본가들은 초과이윤을 얻기 위해 새로운 기계를 계속 도입합니다. 새로운 기계의 도입은 노동자 한 사람당 사용하는 기계나 원료의 양이 늘어나는 것을 뜻합니다. 이것을 자본의 기술적 구성(c/v)이라고 해요.

그런데 이윤율이 저하하는 경향과 함께 이윤율이 상승하는 경향도 있습니다.

자본의 기술적 구성(c/v)이 높아지면서 기계가 노동자를 대체합니다. 그러나 잉여가치를 만드는 것은 노동자입니다. 노동자가 자꾸 없어지니까 이윤율이 떨어질 수밖에 없어요.

반면, 마르크스는 자본가들이 자본의 기술적 구성을 높이는 이유가 결국 생산성이 올라가므로 원료의 값과 기계의 값이 떨어지고 또 노동자들이 구매하는 생활 수단의 가치가 떨어져 노동자에게 돈을 적게 주더라도 실질적인 생활 수준을 유지하게 할 수 있기 때문이라고 지적했습니다.

자본가들이 이윤 추구를 위해 노동자 대신 기계를 계속 도입합니다. 이것은 한편으로는 이윤율을 저하시키는 경향이 있고 또 다른 한편으로는 상대적 잉여가치를 증대시키는 경향이 있습니다.

이렇게 이윤율 저하 경향과 그 상쇄 경향이라는 서로 모순된 두 측면이 다 있습니다. 제2인터내셔널에서는 마르크스의 이윤율 저하 경향의 법칙을 단지 역사적으로 계속 떨어진다고 봐요. 이윤율이 계속 하락해 제로가 되면 자본가들이 이윤이 없어지니까 투자도 못하고 그래서 자본주의는 망한다고 이야기합니다.

그러나 이윤율이 계속 올라가기만 하거나 계속 떨어지기만 하는 것은 굉장히 어렵습니다. 다시 말하지만, 자본주의에서 이윤율이 계속 상승하기는 굉장히 어렵지만, 이윤율이 저하하는 경향과 함께 이윤율이 상승하는 경향도 존재합니다. 그렇기 때문에 제2인터내셔널의 입장과 마르크스의 TRPF 법칙과는 결코 관계가 없습니다.

산업 자본은 이렇게 순환합니다. 기업이 화폐를 가지고 시장에 나가서 생산수단을 사고 그 뒤 노동력을 삽니다. 노동자를 고용해 상품을 생산합니다. 예컨대 컴퓨터라는 상품을 생산하려면 컴퓨터 부속품을 사고 노동자를 고용해야 합니다. 컴퓨터를 생산해서 시장에 내다 팔아야 이윤을 얻을 수 있습니다.

기업이 100억 원을 투자해서 20억 원의 이윤을 얻었다 합시다. 이윤율이 20퍼센트가 되겠죠. 이 기업이 다른 기업에서 기계나 원료를 사 왔겠죠. 기업의 투자가 이윤율에 비례한다면 이윤율이 20퍼센트인 기업에 기계와 원료를 판매한 기업은 생산을 20퍼센트 증가시킵니다. 수요가 매년 20퍼센트씩 증가한다고 생각하면 공급 또한 매년 20퍼센트씩 증가할 것입니다.

또한 생산재 산업이 20퍼센트씩 증가하면 고용되는 노동자 수도

20퍼센트 증가하겠죠. 소비재의 수요가 그만큼 늘어나겠죠.

한 산업의 이윤율이 매년 동일하다는 이야기는 관련 산업이 그만큼 확장돼 간다는 뜻입니다.

그런데 기업의 이윤율이 20퍼센트에서 10퍼센트로 저하했다고 가정해 봅시다. 실제로 어떤 문제가 발생할까요? 이윤율 저하 이전에는 늘 원료의 수요량을 20퍼센트씩 늘렸지만 이윤율이 10퍼센트 낮아졌으니 10퍼센트만 증가시킵니다. 공급하는 기업은 예년같이 수요가 20퍼센트 증가할 것을 예상해 공급할 상품의 생산을 20퍼센트 늘렸습니다. 그런데 정작 공급은 10퍼센트에 그칩니다. 금방 과잉 생산이라는 문제가 생깁니다.

이와 마찬가지로 노동자에 대한 수요도 10퍼센트가 됩니다. 노동자들의 수요가 줄기 때문에 소비재 산업에 대한 수요도 줄겠죠. 소비재 산업에서도 판매 부진, 과잉 생산이라는 문제가 생깁니다.

이것이 케인스가 말한 유효 수요의 부족입니다. 그러나 케인스는 실제로 유효 수요의 부족이 어디서 생겨났는지 전혀 설명하지 않았습니다.

케인스는 핵심적으로 유효 수요의 부족을 사람의 심리로 돌렸습니다. 그러나 마르크스는 분명하게 이렇게 이야기합니다. '이윤율이 저하하면 그것이 바로 유효 수요의 부족, 판매 부진을 초래하고 그 결과 과잉 생산이 발생한다.'

주류 경제학자는 공황의 원인이 아닌 공황의 국면만을 설명합니다. 그러나 마르크스는 자본의 축적이 진행되는 과정에서 왜 공황이 발생하는지를 분석합니다. 공황의 주요 원인에 이윤율의 저하 법칙을 적용하고 있습니다.

마르크스는 자본주의의 어느 단계에서 이윤율이 저하하는 경향이 이윤율이 상승하는 경향을 이겨 결국 유효 수요가 부족해지고 물건이 잘 안 팔려 과잉 생산이 발생하는지에 관해 주장했습니다.

자본가들은 이윤율의 하락을 막기 위해 여러 가지 수단을 강구합니다. 마르크스는 가장 중요한 수단 중의 하나로 물건 값의 폭락을 이야기합니다.

1974년 불황기에 물가가 올라갔다고 생각하는데 전혀 그렇지 않아요. 과잉 생산됐기 때문에 물가가 내려갈 수밖에 없어요. 물가가 떨어지는 상황에서 기업이 이윤을 얻으려면 엄청난 원가 절감이 필요해요. 다시 말하면 굉장히 능률적인 기계를 도입해야 합니다. 기계를 도입하고 노동 조직도 바꿔야 되고 새로운 상품도 만들어야 합니다. 이런 식으로 여러 가지 기술혁신이 발생합니다.

결국 가장 중요한 기술혁신이 불황기에 다 일어나요. 왜냐하면 상품 값이 너무나 싸기 때문에 싼 값으로 물건을 만들어야 이윤을 얻을 수 있기 때문이죠. 모든 혁신에 대한 충동은 여기에서 일어나고 그로 말미암아 다시 경제가 회복된다는 것이 마르크스의 기본적인 생각입니다.

한국 경제 공황의 원인

1997년 11월에 IMF가 터졌습니다. 1999년과 2000년에 경제가 조금 좋아졌어요. 그러나 지금도 공황은 여전합니다.

한국 경제 공황을 설명할 때 늘 이야기하는 것이 있습니다. "도덕적 해이"와 "연줄(정실) 자본주의"라는 것입니다. 이것은 인종 차별적인 말이며 말도 안 되는 소리입니다. 소위 "아시아 모델" 때문에 한국 경제 공황이 발생했다는 것입니다. 이런 주장이 굉장히 많아요. IMF도 그렇게 말합니다. 대체로 주류 경제학자는 늘 이렇게 이야기합니다.

이것은 사실도 이론도 아닙니다. 주류 경제학에서는 공황론이 없습니다. 주류 경제학에서는 시장이 모든 문제를 해결해 준다고 돼 있습니다. 그러니 주류 경제학에서 공황론이 있을 리 없죠. 그렇다 보니 한국 경제 공황을 놓고 딴소리밖에 할 수가 없는 것이죠.

한국 경제 공황을 설명하는 또 다른 이야기는 "아시아 모델"론입니다. 한국 자본주의는 박정희 시대부터 산업 정책도 잘 폈고, 외환 관리나 외자 도입뿐 아니라 금융 통제도 잘해서, 즉 국가가 이 모든 경제 정책을 주도해서 고도로 성장했다는 것입니다. 정부 주도의 수출 촉진 정책, 이것이 기본적으로 고도 성장을 가져왔는데 김영삼 정부 때부터 정부의 경제 개입을 자꾸 없앴다는 거죠. 아시아 모델이 해체되고 모든 것이 자유화로 나아가는 바람에 정부 주도의 경제 개발 계획이 힘을 잃었다는 것입니다. 한 마디로 자유화 때문에 한국 경제 공황이 왔다는 것입니다.

사실 자체만 놓고 보면 맞는 말이죠. 김영삼 정부는 삼성의 자동차 산업 참여를 허락했어요. 그러나 옛날에는 삼성이 자동차 산업에 못 들어왔죠. 자동차 시장 상황은 현대·대우·기아만으로도 충분했기 때문입니다. 여기에 삼성이 참여하면 경쟁이 더 심해지고 과잉 생산이 발생할 것이 분명했죠. 그래서 삼성을 못 들어오게 했다구요. 결국 삼성은 자동차 시장에서 망했죠. 한보도 마찬가지예요. 이미 광양·포항·인천에 엄청나게 큰 철강 회사가 있었어요. 그러나 김영삼 정부는 한보의 철강 시장 진출을 허락했어요.

그 후 금융 자율화가 진행됐어요. 시중 은행들이 금리를 자유롭게 결정하는 것부터 시작해 외국 자본에 대한 규제도 많이 풀었죠. 그러다 보니 외국 자본이 많이 들어왔고 증권 시장에서 주가를 좌지우지했죠. 정부는 외자 도입 규제를 굉장히 완화했어요. 그래서 우리 나라 기업은 외국에 나가서 외자를 많이 빌려 올 수 있었어요. "기적"이라고 할 만큼 경제가 급속도로 발전했기 때문에 외국의 기업이나 금융기관이 돈을 꿔 줬으므로 외자 유치는 수월했죠.

결국 정부가 국가 경제를 정책적으로 관리·경영하며 개입하지 않고 자유화하는 바람에 아시아 모델이 깨졌고 결국 공황이 왔다는 것입니다.

사실, 한국 경제 공황을 설명할 때 이런 이야기가 주류입니다. 좌파 케인스주의자 중 제임스 크로티라는 교수가 있어요. 그는 정부 주도의 아시아 모델이 굉장하다고 주장합니다. 미국에서는 이론 논쟁할 때마다 주류 경제학 쪽은 늘 시장에 모든 것을 맡기면 된다고 주장합니다. 반면, 좌파 쪽은 시장이 아니고 정부가 나서도 잘 되는 게 있다고 이야기하죠. 정부가 개입하면 잘 되는데 정부가 개입을 안 하기 때문에 공황이 왔다고 주장합니다. 그러나 이런 식으로 공황을 설명한다면 1930년대 미국 공황을 설명할 수 없어요.

한국은 1997년 12월 3일에 국제통화기금한테서 "구제 금융"을 받았습니다. 구제 금융을 받은 것은 달러 부족 때문입니다. 우리 나라 은행이 외국 은행이나 외국 기업한테서 달러를 많이 빌려 왔는데, 만기일에 외채 상환을 못해 도산할 위기에 있었어요. 도산할 위기에 있었기 때문에 국제통화기금한테서 구제 금융을 받았어요.

왜 도산 위기가 왔는지 살펴봅시다. 한국 경제가 호황일 때 제가 외환은행한테서 3개월 후에 갚는다는 조건으로 1억 원을 빌렸다고 합시다. 만기일이 되어 3억 원을 좀 더 쓰겠다고 할 경우 신용이 있다면 만기일을 3개월 더 연장해 주겠죠. 또, 3개월 후에 "나중에 갚을게" 하면 그 은행이 또 연장을 해 줘요. 대출 기한을 계속 연장하는 거죠. 달러가 부족하다는 이야기는 만기가 됐을 때 외국 은행들이 대출 연장을 안 해 주고 "돈 내놓으라"고 나왔기 때문입니다.

신문을 보니까 현대는 자기자본의 5백 퍼센트의 빚이 있고 삼성은 1백50퍼센트의 빚이 있더군요. 대부분의 기업이 빚을 지고 경영을 하면서, 빚도 갚고 이자도 갚다가 또 빚을 얻는 식이죠. 어느 기업에게는 기한 연장을 안 해 주고 현금을 내라 하면 그 기업은 망하겠죠. 그렇다면 1997년에는 왜 대출 연장을 안 해 줬을까요? 돈을 많이 빌린 은행과 기업이 언제 망할지 모른다고 생각하자 놀래서 기한 연장을 안 해 줬어요.

우리가 공황의 원인을 알려면 은행과 기업이 왜 부실해졌는지 알아야 합니다. 역사를 거슬러 올라가 생각해 봅시다. 1997년 1월에 한보 부도 사건이 터졌어요. 10월에 재벌 7위인 기아가 부도가 납니다. 기아 부도로 국제통화기금의 구제 금융을 받는다니까 모든 나라가 더 놀래서 돈을 더 안 꿔 줬어요.

그런데 과잉투자나 과잉생산은 왜 벌어질까 이야기해 봅시다.

처음 투자할 때는 과잉이라는 사실을 모릅니다. 투자한 뒤 물건을 만들어 내지만 시장이 그만큼 크지 않기 때문에 결국 과잉투자가 되는 것입니다. 과잉투자와 과잉생산은 모두 사후적인 개념입니다.

우리 나라는 재벌 세상입니다. 1986년부터 1989년 정도까지는 무역수지 흑자 등으로 경제가 아주 좋았어요. 그런데 우리 나라 수출의 70~80퍼센트를 담당하는 재벌에게 문제가 생기기 시작했어요. 중국과 동남 아시아 나라들이 노동집약적인 산업 부문에서 우리 나라를 바짝 뒤쫓고 기술집약적인 부문에서는 독일이나 일본, 미국 등이 우위를 점하고 있었어요. 재벌들은 엄청난 위협을 느꼈고 1990년대 초반부터 대규모 투자를 하기 시작했어요. 자동차 산업에서 반도체 산업, 석유화학, 철강 산업 등에 이르기까지 굉장한 투자를 했어요.

은행 차입이 굉장히 늘었죠. 해외 차입도 굉장히 늘었구요. 그런데 자동차 산업이나 석유화학 산업, 반도체 등은 엄청난 투자 자금이 필요한 산업이죠. 헌데 국내 은행에는 재벌에 대한 투자가 상당히 규제돼 있었어요. 그래서 해외에서 자금을 끌어 오고 기계를 사 오기 위해 해외로부터 자금 차입을 자유롭게 할 수 있게 해 달라고 재벌은 정부에게 요청을 많이 했죠. 재벌은 이 때 종합금융회사를 세웠어요. 주로 해외에서 돈을 많이 꾸어 올 수 있도록 하기 위한 회사였죠. 그런데 이 쪽 친구들이 돈을 하도 많이 싼 값에 빌려 오니까 이 돈을 가지고 어디 대출할 데가 없었을 정도였어요. 러시아에 대출을 하기도 하고 인도네시아하고 홍콩에 대출하기도 하고 주식도 사고 그랬던 거죠. 나중에는 그 돈들을 다 잃어 버리고 말죠.

어쨌든 재벌이 투자를 엄청나게 늘리는 동안 산업 시설이 많아지고 차입도 굉장히 늘었어요. 이 두 개의 요소가 문제를 낳았던 거죠. 투자를 해서 물건을 만들어 놓고 시장에 내고 보니 세계 시장이 그렇게 확대가 돼 있지 않았던 거예요.

국가경쟁력 향상 노력은 세계경제 규모 자체를 자꾸 축소시키는 효과를 낳아요. 한번 생각해 봅시다. 영국은 국가경쟁력 올린다며 당장 임금 깎자고 합니다. 임금을 깎으면 자기 나라 시장도 줄 뿐 아니라 영국에 물건을 파는 나라의 시장도 줄게 됩니다. 다음으로는 사회보장 제도를 줄이려 합니다. 사회보장 제도를 줄인다는 것은 무슨 뜻입니까? 병원과 학교가 자꾸 줄어들고 실업 수당이 줄어 드는 것을 뜻합니다. 사람들이 누리는 혜택이 줄어드는 것입니다. 우리 나라도 노동자만 자르면 국가경쟁력이 올라 간다고 여기는지 모르지만 이것은 시장을 줄이는 일입니다.

당시 재벌은 투자를 엄청나게 했지만 이렇게 세계 시장이 줄어 드는 바람에 물건이 안 팔리게 된 겁니다. 그러다 보니 원리금을 상환하기 굉장히 어려워지게 된 겁니다. 결국 은행 자체가 또 어려워지게 됐죠. 종합금융회사가 엄청나게 해외에서 꾸어 온 돈을 갚을 수가 없게 된 겁니다. 더욱이 종금사가 돈도 못 갚고 해외에 엉뚱하게 투자를 해서 손해를 많이 봤기 때문에 갚을 수도 없게 된 것이죠. 결국 1997년 12월 한국의 공황으로 터지게 된 것입니다.

만약 도덕적 해이가 문제였다고 말한다면 나는 잘못은 되레 외국 투자자한테 있다고 생각해요. 외국 은행들이 왜 우리 나라에 그렇게 많이 돈을 꿔 줬느냐 그 말입니다. 그 놈들이 돈을 엄청나게 많이 꿔 줬는데 그 놈들은 늘 믿는게 뭐냐 하면 '한국은 미국의 식민지이고 국제통화기금한테 꼼짝 못한다'는 점이예요. 그래서 실제로 외국의 은행이나 투자자들은 국제통화기금하고 미국 정부를 믿고 우리한테 그냥 생각 안 하고 막 돈을 빌려 준 겁니다. 나중에 결국 IMF와 미국 정부가 받아 줄 거라고 생각했기 때문입니다. 그게 바로 도덕적 해이입니다. 그래서 내가 늘 얘기하지만 우리가 그 돈을 떼 먹어도 별 문제될 것이 없다 이겁니다. 그 돈 못 갚겠다 하면서 배 째라 하고 나왔어야 하는 것 아닌가 하는 겁니다. 그런데 김대중이 워낙 친미주의자라서 그것을 못해서 문제입니다.

신자유주의

1990년대 중반쯤에는 개방·자유화가 매우 진전된 상황이었습니다. 경제도 상당히 잘 나가던 상황이었죠. 정부가 개입을 하지 말라는 입장이 주류였어요. 왜냐하면 정부가 개입하니까 부정부패만 자꾸 생긴다는 것이죠. '민간주도의 경제'라는 말이 자주 등장했습니다.

재벌들도 정부한테서 벗어나려는 게 하나의 주류적 경향이었습니다. 신자유주의는 바로 이런 배경에서 등장했습니다.

경제에서 신자유주의의 기본적인 아이디어는 1950년대부터 1970

년대로까지 거슬러 올라 갑니다. 이 당시에는 케인스주의 경제 정책이 경제를 지배하고 있었습니다. 당시 케인스주의가 지배하고 있던 복지국가와 사회보장제도가 그 당시 사회 조류였습니다. 완전 고용, 사회보장 제도 그리고 노동조합 보호는 좌파·우파·중도파 할 것 없이 모든 사람들의 합의였습니다. 자유주의자도 보수주의자도 모두 동의했어요.

그러나 1974~1975년부터 시작된 공황은 그 당시의 사회 조류를 바꿔 놓았습니다. 결국 자본주의를 살리기 위해, 기업을 살리기 위해, 케인스주의의 산물을 해체시키자고 주장하는 것이 신자유주의입니다. 신자유주의는 신보수주의와 같다고 생각하시면 됩니다.

케인스주의 하의 자유주의자와 달리 지금 신자유주의자들은 국가의 개입을 줄이고 없애서 모든 것을 시장에 맡기라는 것이 기본적인 생각입니다. 이 점에서 자유주의 앞에 신(neo)이 붙은 것입니다.

결국 시장에 맡긴다는 이야기는 기업가들이 투자를 해서 이윤을 얻을 수 있는 기회를 확대하라는 것입니다. 그럴려면 시장을 넓혀 나가야 되겠죠. 예를 들어 영국 같으면 병원이 전부 공짜입니다. NHS(National Health Service)라고 하는데 병원에 가면 공짜로 치료받습니다. 그러나 신자유주의자들은 기업이 병원을 세워서 자본가들이 이윤을 보게 하라는 겁니다. 정부의 사회복지 제도를 시장에 맡기라는 이야기입니다.

공기업도 마찬가지입니다. 영국의 철도는 공기업입니다. 그런데 철도를 운영하는 것에는 엄청나게 돈이 듭니다. 정부가 운영하기 때문에 벽지에서도 철도를 운행할 수 있습니다. 국가가 손해를 보면서도 운행하는 거죠. 벽지에 있는 사람도 국민이잖아요.

그런데 공기업인 철도를 지역별로 나누고 노선 별로 나누어서 기업에게 팔았어요. 기업들은 이윤 추구가 목적이기 때문에 이윤이 나지 않는 노선을 폐쇄했습니다. 철도가 민영화되자 이윤이 남지 않는 노선을 폐쇄했어요. 그뿐 아니라 수리도 안 합니다. 수리를 하면 돈이 많이 드는데 왜 수리하겠어요? 그래서 큰 사고가 많이 났죠. 독점이니 가격을 높게 매기는 거예요. 가격을 높게 해도 국민들이 대항할 방법이 없어요. 왜냐하면 기차 안 타고 다닐 방법이 거의 없거든요.

국가 개입을 마구 줄이라는 것은 사실 자본가를 위해 시장을 열라는 뜻입니다.

그러나 민영화한다고 해서 국가 개입이 줄어드는 것은 아닙니다. 영국의 민영화 계획은 대체로 많이 실패했어요. 공기업이 민영화된 뒤 사기업들은 엄청나게 이윤을 많이 봤어요. 정부는 이에 대한 특별법을 만들었죠. 윈드폴 브로픽텍스라고 하는 세금을 부과해 이윤을 국가로 환수하는 방식이죠. 사기업의 가격 결정이 온당한지 여부를 검사하는 국가기관이 또 생겼어요. 공기업을 했으면 좋았을 것을 이 것 저것 만들고 온갖 짓을 다 하는 거죠. 결국 국가 개입이 줄어든 게 아니라 국가 개입 형태가 자꾸 변해 가는 것뿐입니다.

그렇다면 우리 나라가 이와 같은 상황이라면 어떻게 해야 할까요? 제가 생각할 때 우리 나라에서는 자본의 힘을 자꾸 줄여야 됩니다.

이것은 새로운 사회로 가기 위한 길이기도 하지만 자본이 자기 마음대로 하는 사회에서 벗어나 국민 전체가 정책 결정에 참여하는 사회로 나아가는 것이라고 생각합니다. 대우자동차의 문제를 해결하기 위해 여러 사람이 함께 참여하는 형태가 돼야 해요. 대우자동차의 해결 방법은 공기업밖에 없다고 결정하는 거죠.

그러나 김대중 정부는 자꾸 공기업은 비능률적이라고 생각합니다. 공기업하지 말고 진짜배기 공기업으로 만들어야 합니다.

결국 지금 위기를 극복하는 과정은 자본의 힘을 자꾸 줄이는 방향으로 노력하는 것입니다.

동아시아 신흥공업국들의 위기

　3년 전, "외환 위기" 도래 바로 몇 달 전에만 해도 IMF와 세계은행의 자본주의 예찬자들은 우리 나라를 비롯한 동아시아 신흥공업국들을 실로 찬미했다. 이 나라들의 굉장한 성장률은 자본주의가 엄청나게 활력 있고 팽창적인 체제임을 보여 준 듯했다. 이들의 성장은 자본주의의 풍토병이라고 마르크스주의자들이 지적해 온 호황과 불황의 경기 변동을 피할 수 있는 길이 있음을 보여 준 듯했다. 한국은 별문제로 하고 나머지 나라들의 사회 평화는 계급 투쟁이 마르크스주의자들의 상상의 소산에 지나지 않는 듯했다.

　그러나 돌연 통화 가치는 추락했고, 주식시장은 곤두박질쳤으며, 은행이 문을 닫았다. IMF 실무팀이 입국해 융자 조건들을 지시했다. 1999년부터 올해 상반기까지 급속히 회복되는 듯싶더니 또다시 환율이 오르고 있고, 주식시장이 침체에 빠지고 있고, 은행 통폐합이

김하영. 이 글은 《열린 주장과 대안》 7호(2001년 1월)에 실린 것이다.

계획되고 있다. 대규모 재벌들이 부도가 나거나 도산하고 있다. 정치인들은 안절부절 못하고 동요하고 있다. 동아시아 지역 최대 경제이자 세계 2위의 경제 강국인 일본조차 경제가 지지부진한 상태에서 또다시 경기가 후퇴하고 있고 금융 시장이 더욱 불안정해지고 있다.

동아시아 경제가 급추락하자 자본주의 예찬자들의 논조는 싹 바뀌었다. 그들은 '정실[연줄] 자본주의'가 인과응보를 받게 됐다고 했다. 근근이 생존을 이어 나아가던 농업 사회에서 공업 자본주의로 놀라우리만큼 급속도로 변모한 사회가 지닌 단점들이 갑자기 부각됐다. 부패한 금융 제도가 폭로됐다. 정경유착 사례들이 낱낱이 폭로됐다. 아시아는 서구를 — 특히 영·미를 — 닮아야 한다고 했다. 우리는 비밀을 좋아하고 영·미 등 서구인들은 공개적이고 투명한 사업을 한다. 그들은 계약 관계에 근거한다. 우리는 의리를 따지고 정에 이끌리지만 그들은 그렇지 않고 합리적이다. 그들은 부실 기업이나 은행을 과감히 폐쇄하고 퇴출시킬 줄 안다. 우리는 그렇지 못하다. 우리는 시장점유율에 사로잡혀 있지만 그들은 수익성이나 채산성 등 이윤율에 근거한다.

이윤을 많이 남기던 동안에는 이러한 단점이 아예 언급도 안 됐다. 이제 IMF가 아시아 경제들에서 경쟁 제한적 보호망을 걷어내고 더욱 세계시장에 개방시키면, 동아시아는 거품이 빠져 슬림화되고, 투명해지고, 처벌받아 길들여지고, 서구 은행들과 정부들에 전당 잡힌 신세가 될지라도 자본주의의 새로운 발전 단계에서 서방 선진국들의 좀 더 하위적이지만 좀 더 믿을 만한 제휴자가 될 것이라는 것이다.

그러나 '영미형'과 다른 동력을 가진 어떤 특별한 종류의 자본주의가 있다는 생각은 난센스이다. 이런 난센스를 받아들인다면 동아시아 경제가 어째서 그토록 빨리 성장할 수 있었고 또 어째서 그 성장이 한계에 이르렀는가 하는 점을 이해할 수 없게 된다.

우선, 동아시아 자체가 동질적이고 균일한 지역이 결코 아니라는 점이다. 동질적이고 균일한 동아시아를 상정하는 사람들은 이 지역의 모든 나라들이 공유하는 '아시아적 가치'(아시아인의 가치관)에 대해 얘기한다. 호황 때도 그들은 호황의 원인을 '아시아적 가치'로 돌렸고 불황 때인 지금도 그들은 불황의 원인을 '아시아적 가치'로 돌리고 있다.

물론 서유럽의 나라들 사이에 유사성이 있는 것과 마찬가지로 동아시아 나라들 사이에도 유사성이 있다. 예컨대 국가 자본주의적 경제 운영 방식이 이 지역에서 두드러졌다는 점 같은 것이다.

하지만 여러 면에서 차이점도 뚜렷하다. 인종·언어·문화 면에서도 동아시아 지역은 유럽만큼이나 다양하다. 말레이시아와 인도네시아는 이슬람교가 유력하고, 필리핀은 그리스도교(가톨릭)와 이슬람교가, 타이는 불교가 유력하고, 중국은 부분적으로 불교와 도교가, 일본은 부분적으로 불교와 신도가, 한국은 부분적으로 불교와 그리스도교(프로테스탄트와 가톨릭)가 비교적 영향력이 있다. 어떤 단일한 신념 체계가 이 모든 나라들의 가치관에 스며들어 유사한 경제적 행태를 낳았다는 생각은 난센스이다.

동아시아 지역 나라들의 역사적 경험도 서로 다르다. 말레이시아는 영국의 식민지였고 홍콩과 싱가포르는 영국의 식민지이자 전초기지이기도 했다. 인도네시아는 네덜란드의 식민지였다. 필리핀은 처음엔 스페인의, 다음엔 미국의 식민지였다. 한국과 대만과 대부분의 중국은 일본의 식민지였다. 일본 자체는 2차대전 종전까지 식민 소열 강이었다. 타이는 영국과 프랑스 사이에서 균형을 잡음으로써 외세에 형식적인 예속을 당하지 않을 수 있었다. 동아시아의 현재와 미래를 설명할 수 있는 공통된 과거로부터의 유산은 존재하지 않는다.

공업화의 시기와 속도도 나라마다 다르다. 일본은 1868년 메이지 유신 이후 공업화에 착수했다. 일본은 오랫동안 이 지역의 유일한 공업 경제였다. 아무리 늦게 잡아도 1970년쯤엔 일본은 현대적 공업 강국이었다. 1970년대에는 한국·싱가포르·홍콩·대만에서 급속한 경제 성장이 일어나 NICs, 즉 신흥공업국으로 불리우게 됐다. 그 뒤 1980년대와 1990년대에 중국·말레이시아·타이, 그리고 가장 최근에는 인도네시아와 아마도 필리핀 등 이른바 "제2세대 신흥공업국"이 이 대열에 가세했다. 이처럼 발전의 시기가 서로 다르다는 것은 이들 동아시아 경제들이 세계 시장의 상이한 국면들에서 성장했고 경제·사회 구조가 서로 매우 다른 모습을 갖고 있음을 뜻한다.

이 나라들의 경제 규모도 서로 매우 다르다. 이들 가운데 가장 큰 일본은 실로 거대한 경제다. 가장 작은 싱가포르와 홍콩은 1인당 GNP는 매우 높아도 절대적 크기로는 아주 작다. 둘 다 사실상 도시 국가이다. 중간에 낀 경제들 가운데 가장 큰 한국과 중국조차 일본에는 훨씬 못 미친다. 그러므로 동아시아 위기에 일본도 포함된다면 세계 경제에 미치는 효과는 훨씬 더 심각할 것이다. 한국이나 타이나 인도네시아의 위기가 아무리 심각해도 세계 경제에 자동으로 효과를 미치지는 못한다. 이들 비교적 소규모 경제들의 위기가 세계 경제에 효과를 미칠 수 있다면 그것은 일본 자체의 위기에 영향을 미치는 것을 통해서다.

　이들 나라의 발전 수준(1인당 국민소득으로 나타낸)도 서로 다르다. 일본·한국·홍콩·싱가포르는 소위 '고소득 경제'로 분류되고 있고, 그 가운데 일본과 한국은 OECD 회원국이다. 이들은 구미의 발전한 공업 사회와 흡사하다. 말레이시아는 '중상위 소득 경제'로 분류되고 있다. 타이·인도네시아·필리핀은 '중하위 소득 경제'로 분류되고 있다. 한편, 중국은 '저소득 경제'로 분류되고 있다. 말레이시아 이하 등등은 성장률은 훨씬 더 높지만 인도·터키·칠레·자메이카처럼 '개발도상국'으로 분류될 수 있다.

　생산 구조를 살펴보면 경제 구조의 차이가 훨씬 분명해진다. 일본·홍콩·싱가포르는 도시 자본주의 생산 구조로의 전환이 거의 완전한 나라들이다. 한국과 대만은 그런 상태에 접근하고 있다. 동아시아 지역의 다른 나라들은 생산성이 낮은 농업에 종사하는 인구가 여전히 많거나 아주 많다. 하지만 이 나라들의 도시 인구는 상당하고 공업도 상당하다. 가치로 나타냈을 때 공업은 경제의 나머지 부분에 견줘 매우 생산성이 높다. 이들 경제에서 역동적 사회 발전의 동력은 150년 전에 영국·벨기에 그리고 미국 북동부 지역을 변모시킨 것과 똑같은 동력이다. 공장이 건설되고 있고 농민은 프롤레타리아로 바뀌고 있다. 공업 자본주의가 이전 생산 양식들의 잔해 위에 건설되고 있다. 좀 더 발전한 경제들은 좀 더 복잡한 그림을 보여 주고 있다. 실제로 홍콩의 소규모 경제는 미국보다 훨씬 더 '탈공업적'이다. 가치로 환산했을 때 1980년대 동안 홍콩 경제는 토착 생산을 하는 것에서 벗어나 중국과 동남아시아 사이에서 중개 무역을 하면서 그 무역에 금융 서비스를 제공하는 것으로 전환했다. 일본은 — 그리고 시간이 갈수록 한국도 — 고전적 선진 공업 자본주의의 경제 구조를 가지고 있다. 일본과 한국은 독일과 경제 구조가 비슷하다. 현대적 제조업 대공장이 지배하고 있고 거기서 일하는 고전적 공업 프롤레타리아가 최대의 사회 계급이다.

동아시아 지역 나라들 사이에 이처럼 경제 구조상의 차이가 있기 때문에 경제 위기의 효과는 나라마다 서로 형태가 다르게 나타난다. 더구나 경제 발전 수준이 서로 다름에 따라 각국의 교역 상품과 서비스의 종류가 차이가 난다. 후발 소규모 개발도상국은 비교적 덜 정교한 공업을 가지기가 쉽다. 이들의 공업 기반은 특화된 품목을 수입해 가공하고 수출하는 데 대부분 의존한다. 이와 대조적으로, 일본은 원자재를 수입해 완제품 또는 반제품을 제조해 수출하는 매우 정교한 공업을 가지고 있다. 또, 후발국들은 대체로 외국 자본을 들여오는 나라들인 데 반해 일본은 세계 최대 자본수출국이다. 그래서 타이나 한국의 위기는 이들 나라의 자본가들에게 거액을 대출해 준 일본 은행들에 영향을 미친다. 이 모든 요인들 때문에 각국 자본가들은 이해관계가 서로 달라 모두를 만족시키는 위기 해결책에 도달하기가 훨씬 어렵게 된다.

경제 성장

자본주의는 동아시아에 고통뿐 아니라 일부 주민에게 혜택도 가져다 줬다. 이 지역의 모든 경제가 1980년대와 1990년대 동안 급성장했다.

그러나 구체적으로 살펴보면 각국 사이에 두드러진 차이가 있음을 알 수 있다. 일본은 공업의 급성장기를 이전 시기에 경험했고 이 시기에는 점차 성장이 둔화해 마침내 구미 선진국의 성장률 수준 미만으로까지 성장률이 떨어졌다. 한국도 성장이 둔화해 왔다. 물론 경제 규모가 비슷한 다른 나라들의 경제 성장률보다는 훨씬 높았지만 말이다. 반면에, 이보다 덜 발전한 나라들은 1980년대와 1990년대에 성장률이 증가했다. 더욱이 공업 성장률과 수출 성장률은 국내 총생산 성장률보다 더 빨리 증가했다.

이러한 놀랄 만한 급성장은 불가피하게 사회의 일부를 변모시키는 한편 다른 부분은 그대로 놔둔다. 일본과 홍콩과 싱가포르를 제쳐두고 말하면 이들 나라들은 마르크스주의자들이 "결합된 불균등 발전"이라고 부르는 법칙의 고전적 사례들이다. 가장 선진적인 사회적 특징들이 가장 후진적인 특징들과 결합된다. 상하이에서 우리는 마천루를 볼 수 있지만 내륙 안쪽 쓰촨 지방의 오지에서는 아직 농업 혁명조차 경험하지 못한 촌락들을 볼 수 있다.(〈귀주 이야기〉라는 영화를 보라. 또, 내용은 별볼일없는 책이지만, 《우마차 타고 핸드폰 든 중국》이라는 제목이 재미 있는 책도 있다.) 현대적 칩 제조 공장에서 일하는 여성 노동자가 동생은 농민인 경우가 흔하다. 그녀는 하이테크를 사용하지만 그녀의 동생은 수천 년 동안 지속돼 온 방법과 도구를 사용한다. 이농과 도시화로 사회는 끊임없이 혼란을 겪는다. 사회 구조와 정치 구조는 막대한 압력을 받을 수밖에 없다.

과거의 신조와 관습은 하룻밤새 사라지지 않는데도 새로운 생활 조건은 새로운 관념과 새로운 시야를 싹 틔운다. 카를 마르크스와 프리드리히 엥겔스는 《공산당 선언》에서 이렇게 썼다.

굳어지고 녹슨 모든 관계들은 오랫동안 신성시돼 온 관념들 및 견해들과 함께 해체되고, 새롭게 형성된 모든 것들은 정착하기도 전에 낡은 것이 돼 버린다. 모든 신분적인 것, 모든 정체적인 것은 없어지고, 모든 신성한 것은 모독당한다.

이러한 사회 변혁 과정은 수많은 동남아시아인들이 직접 겪은 생활 경험이다. 그들은 그 과정에서 생활 조건의 변화를 겪었다. 일본과 한국 노동자들은 다른 선진국 노동자들과 비슷한 생활 경험을 갖고 있으나 더 근래에 성장을 경험한 나라들에서 변화는 훨씬 더 가시적이다. 이들 나라의 노동자와 농민에게 자본주의 공업화의 경험은 매우 모순적이다. 일부는 작지만 실제의 성과를 경험한 반면, 나머지는 사정이 더 악화됐다. 불균등 발전은 노동 계급 내에서도 일어난 것이다.

이 과정의 동전의 뒷면은 신흥 부자들인 자본가 계급의 성장이다. 수하르토의 장녀인 투투트의 재산은 미화 4백억 달러(한화 52조 원)로 추산된다. 타이의 1996년 벤츠 판매량은 세계 3위였고, 새 차 중 벤츠 판매 비율은 독일 다음인 세계 2위였다.

이러한 성장의 수혜자가 구미의 은행가들과 자본가들뿐이었던 것은 아니다. 또한 동남 아시아 현지 자본가들이 모두 브루나이 왕처럼 석유 같은 천연 자원 임대로 살아 가는 것도 아니다. 새로운 프롤레타리아의 노동에서 이익을 취하는 자들 가운데 많은 자들이 그 노동자들과 똑같은 고향 출신이다. 그들은 현지 경제에 기생하는 국외자가 아니다. 그들은 "초국적 자본의 도구"가 아니다. 그들은 그 자체로 자본가들이다. 그들은 자기 자신의 노동인력의 노동으로부터 잉여가치를 추출하는 독자적인 착취자들이다. 그들은 자기 자신의 계급 이해관계가 있고 그것을 지키려 한다. 그들은 구미의 자본가들만큼 강력하지는 못하지만 그들의 꼭두각시는 아니다.

경제 성장의 원인

지금까지 우리가 살펴본 동아시아 사회 구조의 변화는 근대적 자본주의 경제로의 전환에 보통 수반하는 변화들이지만, 또한 급속한 성장을 가능케 한 주요 요인들 가운데 하나를 설명해 준다. 오늘날에조차 농촌에 만연한 광범한 빈곤 때문에 자본주의적 착취에 이용할 수 있는 매우 값싼 노동이 언제든 공급될 수 있다. 신생 공장의 조건이 아무리 열악해도, 또 임금이 아무리 처참한 수준이어도 농촌 빈곤은 젊은이들을 토지에서 몰아내 도시로, 노동시장으로 밀어넣는다. 이러한 압력이 하도 강력한 나머지 중국 정부는 공식 허가 없이 도시로 이주하는 것을 불법화하고 있다. 그럼에도 약 7천만 '유민'이 일자리를 찾으러 도시 거리를 헤매고 있다. 삶이 아무리 고달퍼도 도시가 농촌보다 못하지는 않은 것이다.

이것이 무슨 '아시아적' 특수성인 것은 아니다. 구미 자본주의가 처음 생겨났을 때도 마찬가지 과정이 존재했다. 농촌 '노동예비군'의 착취는 모든 나라 공업 자본주의 발전 초기 국면의 공통된 특징이었다. 값싼 노동을 쉽게 이용할 수 있는 덕분에, 임금 비용이 가격의 가장 중요한 성분인 노동집약적 공업에서 이들 경제는 고임금 경제들보다 이점을 누릴 수 있다.

그러나 저임금만으로는 이들 경제의 고도성장을 설명할 수 없다. 경제 성장이 매우 더뎠거나 실제로 정체했던 많은 제3세계 나라들도 마찬가지로 노동은 값이 쌌다. 그러므로 두 번째 주요 요인을 꼽자면 그것은 국가 탄압이다. 일본은 1945년 이후 노동계급의 공세가 거세었는데, 그만 미국의 점령군과 일본 자본가들 사이의 반공 동맹에 의해 패배했다. 그 결과 수천 노동자 투사들이 공장에서 추방당했고, 독립 노조가 파괴당했으며, 지금까지도 존속되고 있는 엄격한 노동 통제를 위한 조건들이 조성됐다. 다른 나라들에서의 국가 탄압은 훨씬 더 야만적이었다. 타이는 1945년 이후 17번에 걸친 쿠데타 미수가 있었다. 한국의 경우는 너무 잘 알 테고, 인도네시아의 경우 1965년의 대량 학살로 10만~50만 명이 사지가 절단당하는 살해를 당했다. 나머지 나라들도 마찬가지로 억압적이다. 이데올로기에 관계 없이 동아시아 지역 지배자들이 공통으로 갖고 있는 것은 노동계급 조직과 투쟁에 대한 무자비한 적개심이다. 그러나 이것조차 '아시아적' 특수성은 아니다.

이러한 조건에서 강력한 독립 노조를 건설하는 것은 불가능하지는 않을지라도 매우 어렵다. 설사 그러한 노조가 건설돼도 성과를 얻기 위해서는 가장 극단적인 형태의 대중 행동이 필요하다. 어쨌든 이런 야만적인 탄압 덕분에 이 지역 지배자들은 다른 곳에서라면 단호한 저항에 부딪혔을 그런 조건들을 강요할 수 있었다.

세 번째 주요 요인은 이 지역의 모든 나라는 아니지만 많은 나라가 공유하고 있는 것이다. 냉전기에 지리적으로 이 지역은 미국의 정치·군사 개입이 현저했던 곳이다. 가장 두드러진 사례는 남한이다. 남한 국가의 존재 근거와 존재 기반 자체가 미국 군대에 빚졌다. 3만 7천 명이 주둔하고 있고 수백 개의 핵탄두가 배치돼 있다. 한국 전쟁은 일본 경제 부흥에 결정적으로 이바지했고, 그 후 미국의 영향력은 남한 자체의 경제 성장에 직접·간접으로 도움을 줬다. 대만도 마찬가지였다. 1970년대 미국과 중국의 화해 이후 미국은 대만에 대한 노골적 지원을 철회했으나, 1996년 중국이 대만을 군사적으로 위협했을 때 미국이 대만해협으로 함대를 급파했던 사실에서 보았듯이 대만에 대해서도 미국의 존재는 여전히 중요한 요인이다. 타이는 베트남 전쟁 당시 미군의 휴양지 노릇을 하면서 경제적 혜택을 입었다.

네 번째 주요 요인은 국가와 공업과 은행 사이의 유착이다. 이것은 동아시아만의 특징이 아니다. 20세기 전체를 통틀어 여러 상이한 사회들에서 이 3자 간 융합이 있었다. 극단적 형태는 이 3자가 단일한 관료 지배계급으로 융합된 스탈린주의 국가들이었다. 그러나 좀 덜 극단적인 형태로서 광적인 반공주의 국가였던 옛 남아공 아파르트헤이트 체제도 3자가 매우 밀접한 관계를 갖고 있었다. 국가는 여신 규제를 통해 투자 우선순위를 조정할 수 있었다. 그밖에도 국가는 광범하고 깊숙하게 결정에 개입했다. 그럼으로써 현지 자본이 성장하는 데 필요한 조건들을 마련해 줬다.

    국가의 이러한 기능이나 국가가 이러한 기능을 수행하는 부패한 '천민적' 방식이 동아시아에만 독특한 것은 아니다. 세계화론자들의 이데올로기에도 불구하고 자본은 어느 곳에서나 국가 체계와 얽혀 있고 국가 체계에 의존하고 있다. 동아시아에서는 연계의 양상과 정도가 두드러질 뿐이다. 무엇보다 가족이나 친족 관계에 크게 의존하고 있다는 점이다("정실 자본주의"). 인도네시아가 가장 악명 높은 사례이고, 한국의 재벌도 그 못지않다. 하지만 이 지역 대부분에서 '연줄'이 크게 작용한다. 아무튼 금융과 공업에 대한 국가 개입을 통해 동아시아 기업들은 경쟁이 극심한 세계 시장에 진입할 수 있었고, 선진국에 본사를 둔 기술적으로 좀 더 진보한 자본가들과의 경쟁으로부터 보호를 받을 수 있었으며, 기성 시장에 진입하기 위해 불가피하게 치르는 대가인 낮은 이윤을 만회할 수 있었다.

    다섯 번째 주요 요인은 사회보장제도의 사실상의 부재로 말미암아 노동자와 민중 가계가 미래를 대비해 저축을 많이 함으로써 저축률이 높았다는 점이다. 이 또한 '아시아인의 가치관' 따위로 돌릴 문제가 아니라 아주 자연스런 반응이었다. 서구 자본주의 사회의 노동자들도 연금 기금이나 의료보험 등등의 공식적이고 사회화된 기구를 통해서 한다는 차이만 있을 뿐, 복지를 준비하는 저축을 한다. 동아시아의 경우 국가는 폐쇄적 은행 제도를 통해 저축자들이 해외 은행에 저축하지 못하도록 금지한 채 저축을 국제 수준보다 낮은 금리에 묶어 두었다. 반면에, 자국 자본가들에게도 낮은 금리에 대출해 줬다. 이렇게 해서 동아시아 자본가들은 저렴한 자본을 대량으로 이용할 수 있었다.

지금까지 설명한 다섯 가지 요인들을 묶어 '동아시아 발전 모델'이라 부를 수 있겠다. 이 모델의 선구자는 일본이었다. 요약하면, 국가와 현지 자본이 동맹해 저기술·저임금의 노동집약적 공업에 물자를 투입해 세계 시장에서 기존 생산자들보다 낮은 가격으로 경쟁하고, 직접·간접 무역 장벽을 통해 유치 공업을 보호하는 것이다. 물자는 공업 자본과 유착한 폐쇄적 은행 제도를 통해 저금리로 동원된 국내 저축이 큰 몫을 차지했다. 저축은 복지 부재로 조성된 심한 사회적 불확실성에 의해 촉진됐다.

　하지만 이 '모델'의 문제점은 그것을 모방하기가 그리 어렵지 않다는 것이다. 그래서 좀 더 정교한 제품으로 올라가지 않으면 추격자들이 뒤쫓아와 따라잡을지도 모른다. 더구나 농촌에서 올라온 아주 저렴한 노동이 고갈돼 도시 노동인력을 재생산할 필요가 있게 되면 노동조합의 유무에 관계없이 임금이 인상될 필요가 있다. 고임금을 지급할수록 노동을 더 효율적으로 이용할 필요가 있다. 그래서 동아시아 자본가들은 좀 더 자본 집약적이고 좀 더 기능이 요구되고 좀 더 수익성 있는 고도기술 공업으로 이동하려 애쓴다. 이를 위한 숙련 노동을 이용하기 위해 교육에 커다란 신경을 쓰는 것이다. 섬유나 의류를 만드는 노동에는 높은 수준의 기능이 필요 없지만 자동차나 항공기 또는 심지어 반도체 비메모리 분야, 신소재, 생명공학, 메카트로닉스, 정보 공업, 초정밀 조립 공업에는 높은 수준의 기능이, 따라서 교육이 필요하다.

　지금까지 보아 왔듯이, '동아시아 발전 모델'이라는 것은 존재하긴 하지만 20세기 세계경제의 좀 더 일반적인 특징(국가자본주의)의 한 변형일 따름이다. 자본은 일국적 토대 위에서 발전해 점점 더 세계 시장에서 작용한다. 세계 시장에서 효과적으로 경쟁하기 위해 '자기 자신의' 국가로부터 도움을 받는다. 국가는 노동계급을 통제해야 할 뿐 아니라, 또 성공적인 자본주의 생산을 위한 일반적인 조건들을 마련해야 할 뿐 아니라, 다른 나라에 본사를 둔 자본가들로부터 '자국' 자본을 보호해야 한다. 여기에는 예외가 없다. 미국이나 영국조차도 말이다. 동아시아는 현지 국가들이 유치 공업을 보호하고, 값싸고 온순한 노동과 값싼 자본의 공급을 보장했다. 이를 통해 그들은 다양한 기술 수준의 수출 공업을 건설했다. 이 방식이 '천민적'이라 할지라도 결코 이례적이지는 않다.

모델의 위기

왜 '동아시아 발전 모델'은 갑자기 붕괴했는가? 심지어 세계 2위 경제대국인 일본마저도 계속 지지부진하고 불안정이 심화해 가는가? 신자유주의자들은 초국적 금융자본의 변덕으로 위기를 설명한다. 국제 은행들이 갑자기 심리적 공황(패닉)에 빠졌다는 식이다.

물론 지배자들이 공포에 질려 허둥거린다는 것은 유쾌한 일이다. 하지만 이런 식의 설명은 실상은 아무것도 설명하지 않는다. 그들은 무엇에 겁을 집어먹었는가?

1929년의 경험에서 보았듯이, 금융 공황은 경제의 "기초"(펀더멘털스)에 문제가 있다는 징후다. 더 정확히 말하면, 체제가 원활하고 순

탄한 구조조정 방식을 찾지 못하고 있다는 문제에서 금융 공황이 비롯하는 것이다. 1992~93년에 유럽에서 금융 공황이 일어났다. 1994~95년에는 라틴아메리카에서, 그리고 세 번째이자 네 번째로 이제 아시아에서 금융 공황이 일어나고 있다. 이 모든 경우에 과잉 생산이 바탕에 깔린 문제였다. 자본주의가 과잉 생산을 해결하는 가장 논리적인 방법은 부실 자본이 파산하는 것이다. 기업과 은행이 퇴출당해 막대한 자본 파괴 현상이 일어나야 또다시 팽창을 재개할 수 있을 것이다. 그러나 이런 일은 실제로는 일어나지 않고 있다. 부실 기업이나 부실 은행의 구조조정을 밀어붙이는 것이 정치적으로 불가능하기 때문이다.

이 점을 가장 잘 보여 주는 사례가 바로 한국과 일본이다. 특히 일본은 세계 2위의 경제 강국이므로 구미 지배계급들의 직접적인 관심사가 아닐 수 없는데, 그들의 우려는 일본 지배자들이 정치적 영향력을 행사해 부실 기업이나 은행에 긴급 융자를 해 줘, 원칙적으로 파산해야 마땅한 기업이나 은행이 살아남고 되레 애먼 기업들이 파산하는 것이다. 더구나 그 애먼 기업들이 일본인 소유가 아니라면 그 비일본계 자본가들에게 경쟁은 '불공정'하기 짝이 없는 것이 된다. 한국도 일본과 마찬가지다.

일본 경제의 더딘 성장은 두 가지 결과를 가져왔다. 하나는 엔화 가치의 상대적 — 특히 미국 달러화에 대한 — 하락이다. 엔화 가치 하락은 일본 상품의 가격 인하를, 따라서 일본 수출 기업의 경쟁력 향상을 가져온다. 이것은 특히 한국 경제엔 크나큰 곤란을 안겨 준다. 왜냐하면 한국의 수출품 가운데 절반이 일본 제품과 직접 경쟁하기 때문이다. 그래서 한국이 — 그리고 동남아시아 나라들도 — 자본 규모와 기술 및 기능 수준을 끊임없이 높임으로써 경쟁력 문제를 피하는 것은 훨씬 더 어려워진다. 더구나 중국이라는 막강한 저임금 경쟁자가 맨 밑에서 떠오르고 있다. 중국은 이미 1994년에 위안화(인민폐)를 평가 절하해 강력한 비교우위를 누렸는데, 그 때문에 타이는 1996년쯤 중국과의 경쟁에서 밀리기 시작했다. 그래서 일본과 중국 사이에 낀 동아시아 나라들은 "너트크래커[호두 까는 연장]" 신세가 됐다.

일본 경제의 저성장이 가져온 두 번째 중요한 결과는 일본으로부터 자본의 해외 유출이다. 비록 저성장해 왔지만 일본 경제 규모는 거대하고 막대한 잉여 자본을 산출해 낸다. 이 잉여 자본은 그 동안 일본 안에서 수익성 높은 투자 분야를 찾지 못해 해외에서 출구를 찾아 왔다. 그래서 주로 다른 선진국으로, 그러나 또한 다른 동아시아 나라들로 자본의 해외 유출이 있었다. 아시아의 신흥공업국들이 유치한 외국 자본의 대부분은 일본계였다. 그 중 대부분은 직접투자였지만 근래에는 포트폴리오 투자도 급증했다.

이미 과로한 경제에 거액의 직접투자가 이뤄짐으로써 과잉 생산 위기가 일어나는 것은 당연한 일이었다. 일본을 제외한 동아시아의 모든 나라들이 1996년부터 성장이 감속하기 시작했다. 생산한 제품이 잘 팔리지 않으니 현금이 잘 돌지 않게 됐다. 돈이 잘 안 도니 돈을 더 빌려 올 수밖에 없고, 그러다 보니 부채가 눈덩이처럼 불어났다. 게다가 외국 은행으로부터 단기 외채를 끌어다 써서 외채가 크게 늘었다.

더구나 포트폴리오 투자는 대부분 주식과 부동산 투기 쪽에 이루어졌다. 부동산의 경우는 한국보다 동남아시아에서 더 두드러졌다. 부동산 투기에 힘입어 너무 많은 사무실·상가·주택 등이 건설되다 보니 마침내 신축 건물의 임대나 매매가 그리 수익성이 높지 않은 지점에까지 다다랐다. 부동산 가격이 급락하기 시작했다. 은행 등 금융기관이 담보로 잡은 자산의 가치가 급락하기 시작한 것이다. 금융기관은 서둘러 부동산을 매각했는데, 이는 부동산 가격을 더욱 떨어뜨리는 데 일조했다. 그래서 금융기관의 부실은 더욱 심화됐다.

바로 이러한 조건들 속에서 현지 통화에 대한 투매가 일어났다. 바트화의 폭락을 시작으로 아시아의 통화는 폭락하기 시작했다. 이러한 외환 위기는 국제 금융자본가들이 변덕을 부려서 일어난 일이 아니라 한국 경제의 "기초"를 그들이 불신하기 시작하면서 일어난 일이다. 아시아의 위기는 "외환 위기" 등 금융 공황의 형태로 폭발했지만 그 원인은 실물 경제 자체의 근본적 취약성에 있었던 것이다.

노동자 투쟁의 전망

국제 은행가들은 빌려 준 돈을 되돌려받으려 하고 있고 현지 자본가들은 자산상의 손실을 될수록 보지 않고 살아남으려 애쓴다. IMF는 현지 정치인들과 기업인들의 사업 계획보다 미국 자본의 이익을 우선적으로 고려하려 한다. 그래서 IMF와 현지 지배자들 사이에 미묘한 갈등이 빚어지고 있다.

IMF는 강경 긴축 노선을 고집해 왔다. 그 핵심은 고금리와 통화

공급 제한과 재정 긴축이다. 돈을 받아 내고야 말겠다는 데만 급급해 채무자를 더욱 죽이게 되는 미국 채권자들의 이 강경 통화주의 노선에 유럽과 일본 채권자들은 불안해한다.(1997년 당시 유럽 은행가들은 338억 달러를, 일본 은행가들은 243억 달러를, 미국 은행가들은 겨우 93억 6천만 달러를 한국에 대출해 줬다.) 더구나 한국 경제가 더욱 나락으로 떨어지면 일본 경제는 직접적인 악영향을 받게 되고 이는 동아시아 위기를 세계적 위기로 확산시키는 직접적인 계기가 된다. 그래서 그 동안 IMF에 대한 비판이 있었고 IMF 내에서도 이런 목소리가 반영됐고 마침내 요즘 IMF는 온건 노선으로 전환하고 있다.

그러나 다른 문제에서 국제 자본가들은 이해관계가 일치하고 있다. 무엇보다 현지 금융 제도를 개혁해, 평가절하된 자산들을 구매하는 것 그리고 독점(가령 재벌 체제)과 같은 보호 장벽들을 폐지하는 것에 그들은 한목소리를 내고 있다. 그래서 구조조정에 대해서만큼은 비타협적이다. 이것은 IMF와 현지 자본가 계급 사이에 긴장을 빚고 있고, 아시아 지역의 정치 위기를 한층 심화시키고 있다.

그러나 국내든 국제든 자본가 계급이 만장일치의 태도를 보이는 것은 위기의 대가를 노동계급이 치러야 한다는 것이다. 구조조정이 어떤 식으로, 얼마만큼의 속도로, 얼마나 모순되게 이뤄지든 간에 노동계급에 대한 희생 강요만큼은 반드시 동반할 것이다. 레닌이 말했듯이, 노동계급이 대가를 치르게 되는 한은 해결될 수 없는 경제 위기는 없다.

노동계급의 저항 가능성은 동아시아 각국의 상황만큼이나 나라마다 서로 다르다. 하지만 동아시아의 공통점을 얘기할 수 있는 만큼은 노동자 투쟁 전망에 대해서도 얘기할 수 있을 것이다.

우선, 자본주의 발전이 비교적 근래에 이루어진 모든 사회는 언제나 노동계급의 항쟁 가능성을 안고 있다는 점이다. 이런 사회에서는 지배계급의 사회 지배가 비교적 불안정하다. 전(前) 공업 사회의 피억압 민중은 숙명론이 득세했다. 하지만 신흥 공업 사회의 농민 출신 프롤레타리아는 세상이 달라질 수 있고 그것도 사람들이 하기에 따라 달라질 수 있다는 것을 경험으로 체득한다. 그들은 구미의 오래된 자본주의 사회의 대중처럼 주어진 조건에 순응해야 한다는 압력을 덜 받는다. 그들은 공업화의 속도만큼이나 자신들의 조건도 급속히 변할 수 있는 일시적인 것이라는 느낌을 갖고 산다.

더구나 경제 위기의 도래로 지배계급은 주요한 이데올로기적 무기 하나를 잃었다. 경제 확장기 동안 지배계급은 대중의 불만을 근대화 전과 비교하고 장밋빛 미래를 제시하면서 무마하고 설득할 수 있었다. 군사적 패배보다는 훨씬 덜 첨예하지만 그와 마찬가지로 경제적 패배도 언제나 지배계급의 자부심을 산산이 깨놓는다. 그들의 방식만이 성공으로 가는 길이라는 생각에 대중은 회의가 들고 자신들이 요구받고 있는 희생과 고통이 과연 정당한 것인가 하는 의심이 들기 시작한다. 대안에 관한 논의가 활발해진다.

그러나 그렇다고 해서 대중이 근본적 사회 변혁이라는 해결책을 즉시 받아들인다는 것은 아니다. 지배계급은 몇 가지 강력한 이데올로기적 무기를 더 갖고 있다. 이 무기들을 사용해 지배자들은 대중의 불만을 자기들에게서 비켜가게 할 수 있다.

말레이시아 수상 마하티르 모하마드는 통화 위기가 "유대인의 음모" 때문이라고 했다. 또, 동남아시아의 모든 지배자들은 인종주의를 이용해 이주 노동자들을 속죄양으로 삼고 있다. 반화교 데마고기도 위험하다. 화교는 중동부 유럽의 유대인과 비슷한 처지에 있다. 유대인처럼 화교도 자본가 계급과 전문직의 비중 있는 소수인 동시에, 노동계급과 사회주의 운동에서도 비중 있는 부분을 차지하고 있다. 1965년과 1998년 인도네시아에서 지배자들은 화교 학살을 교사했다. 말레이시아의 식민 전쟁에서 영국 제국주의는 공산주의자들을 모조리 화교인 것처럼 왜곡해 그들을 말레이 민중으로부터 고립시켰다. 중국에서는 식민지 경험을 이용한 반일 데마고기가, 일본에서는 2차대전 패전 경험을 이용한 반미 데마고기가 잠재적 위험으로 남아 있다. 남한에서는 대북 냉전 이데올로기 또는 국가보안법을 이용한 좌파 마녀사냥이 가장 주요한 각개격파 수단 구실을 해 왔다.

동아시아 전역에서 사회주의 운동에 대한 국가 탄압이 극심해 어디에서든 사회주의자들은 극소수다. 독립적 노동자 운동도 극심한 탄압을 받고 있는 곳이 많다. 그러나 아시아 노동자들이 조금씩 저항하기 시작했다는 증거는 꽤 많다. 더구나 한국 노동계급은 단연 두드러진다. 실제로 한국은 지금으로선 동아시아 상황의 핵심이다. 한국 노동자들이 대량해고와 임금삭감에 성공적으로 저항한다면 그것은 한국 지배계급과 IMF에 패배를 안겨 주는 것일 뿐 아니라 다른 동아시아 노동자들에게 본보기가 될 수 있을 것이다. 신자유주의에 대한 지배자들의 거짓말에 대해 우리 노동자의 승리보다 더 좋은 답변은 없다.

새로운 세계 불황

"미국은 불황의 초입 단계에 들어섰다. 이 불황은 제2차세계대전 이래로 그 어느 때보다 심각하고 치유하기 힘들며, 심지어 전 세계에 심각한 영향을 미칠 수 있다."

지난 10월[2001년 10월 — 옮긴이] 비주류 경제학자 웨인 고들리는 이렇게 썼다. 고들리는 2년 전[1999년 말 — 옮긴이] 미국 주식 시장이 어지러울 정도로 폭등했을 때 불황을 예견한 몇 안 되는 경제학자 가운데 한 명이었다. 지난 1월 〈이코노미스트〉는 미국의 경기 상황을 '둔화' 또는 '조정' 국면이라고 지적했다. 그런데 지금은 "미국의 경기 침체가 생각보다 더 심각하고 장기적일 거라고 예상할 수 있는 이유가 충분히 많다. … 정말이지, 세계 경제 전체가 1930년대 이래로 가장 심각한 침체를 겪을 수도 있다."고 말했다.

크리스 하먼. 월간 〈다함께〉 20호, 2003년 1월 1일. https://wspaper.org/article/557.

지난 9월 11일 세계무역센터에 대한 비행기 자살 테러 전부터 위기는 시작됐다. 테러 1주일 전에 〈파이낸셜 타임스〉는 통신 산업의 위기를 다룬 3부작 기사에서 "1조 달러나 되는 부가 날아가면서 세계 경제는 침체에 빠졌다."고 말했다.

위기의 근본 원인

미국 경제가 침체로 나아가는 주된 요인은 다음과 같다.

(1) 정보 통신 산업 위주의 '신경제'는 미국 경제의 기본적인 흐름을 바꿔 놓지 못했다. 신경제는 어떤 분야에서는 생산성을 높였지만 각종 매체에서 떠들어 댄 것만큼은 아니었다. 그리고 '폭발적인' '새 시대'였던 1920년대의 더 커다란 생산 혁명이 호황을 무한정 유지할 수 없었던 것과 마찬가지로 신경제도 호황을 한없이 지속할 수는 없었다.

(2) 호황의 진정한 추진력은 1980년대에 일본의 경쟁적인 도전에 대응해 이뤄진 대규모 산업 합리화였다. 이 합리화는 착취율의 막대한 증가와 결합돼 있었을 뿐 아니라 이에 기초하고 있었다. 임금을 억제하고 노동시간을 늘린 덕분에 미국의 지배계급은 대략 1970년대 중반의 이윤율 수준을 회복할 수 있었다. 물론 그 당시의 이윤율 조차 1940년대에서 1970년대의 장기 호황기의 높은 수준에는 이르지 못했다.

(3) 미국 경제가 주요 경쟁국에 비해 상대적으로 급속하게 성장했

기 때문에 전 세계 투자 자금을 끌어들일 수 있었다. 주가가 크게 치솟으면서 경제의 실제 이윤 수준과 완전히 멀어졌다. 주식배당률은 지난 50년 평균의 두 배 이상 증가했다. 그와 동시에, 자금 유입 덕분에 기업이나 소비자 모두 대규모 대출이 가능해졌다. 이런 흐름은 미국의 전체 소비가 전체 소득에 비해 약 6퍼센트나 초과할 때까지 계속됐다.

(4) 호황은 두 가지 모순적인 일들이 동시에 일어날 때만 유지될 수 있는 지경에까지 이르렀다. 즉, 주가를 감당할 수 있을 만큼 이윤이 증가해야 하는데 이것은 착취율 증대를 뜻한다. 다른 한편, 소비를 감당할 수 있을 만큼 임금이 올라야 하는데 이것은 착취율 하락을 뜻한다. 이 근본적인 사실은 몇 달 동안 드러나지 않을 수 있지만, 어느 순간 거품은 터질 수밖에 없다.

사실, 상황은 이보다 훨씬 더 나빴다. 이런 급격한 호황으로 인해 많은 기업들은 자신들의 이윤을 크게 부풀려 주가를 끌어올릴 수 있었다.

호황에서 불황으로 전환

2001년의 첫 아홉 달 동안에는 모종의 호황이 유럽과 북미에서 계속됐다. 그것은 소비 호황이었지만, 핵심 산업들에서는 노동자들이 해고되고 이윤이 하락했다는 발표가 시작됐고, 주가는 느리지만 상당히 큰 폭으로 떨어지고 있었다. 그래서 2001년 여름에는 '두 경제'

라는 말이 등장했다. 서비스와 개인 소비 부문은 여전히 호황이던 반면, 제조업과 산업 부문은 점차 침체하고 있었다.

9·11 테러가 경제에 미친 영향은 적어도 미국에서는 소비 거품을 터뜨렸다는 점이다. 9·11 테러가 기업들이 형편없는 이윤과 노동자 해고를 서둘러 발표할 수 있게 해 준 연막이 되기도 했다. 10월 말에 〈파이낸셜 타임스〉는 "미국의 대기업 이사들에 따르면, 테러 공격이 기업의 비용과 [경영] 전략에 미친 영향은 예상보다는 미미했다. 그러나 대부분의 경영진들이 이미 진행중인 것으로 믿고 있던 경기 후퇴의 효과를 보면서 대기업들은 경악하고 있다."고 보도했다.

이것은 중요한 사실이다. 왜냐하면 많은 자본주의 지지자들이 지난 27년 동안에 나타난 경기 후퇴를 매번 특별한 사건 탓으로 돌리려 했기 때문이다. 예컨대 1990년대 초반의 경기 후퇴는 제2차 걸프 전에서 비롯한 유가 인상에서 비롯했다는 주장들이 자주 등장했다. 사실, 1990년과 1991년의 평균 유가는 그 전보다 높지 않았다. 유가는 한두 달 치솟았다가 급격하게 하락했다. 경기 침체는 몇몇 외부 요인이 아니라 자본주의의 내부 동역학에서 비롯했다. 특히 선진국에서는 더욱 그렇다. 현재의 경기 침체도 마찬가지다.

세계무역센터의 붕괴는 미국 주가 수준에 가장 극적인 효과를 미쳤다. 주식 시장이 다시 열린 첫날 다우존스 산업 평균은 684.81포인트 떨어졌다.

주식 시장 수준은 자본가 계급 전체에 매우 중요하다. 그것은 자본가들이 소유한 주식과 기업 이사들에게 돌아가는 스톡 옵션의 현금 가치를 결정한다. 그러나 주식 시장은 이들이 지배하는 체제의 동역학 면에서는 그처럼 중요한 구실을 전혀 하지 못한다. 신규 투자는 주식 시장을 통해서는 거의 이루어지지 않는다. 주식 시장의 주된 기능은 이미 존재하는 기업의 주식을 거래하는 시장을 제공하는 것이다. 사실 주식 시장은 중개 시장이다. 이 시장이 자본주의의 주된 사업 — 생산 현장에서 착취를 통해 잉여가치를 축적하는 일 — 과 맺는 관계는 중고차 중개업자와 거대 자동차 제조업체 간의 관계와 비슷하다.

주식 시장의 폭락은 가끔 체제 전체에서 근본적으로 뭔가 잘못됐음을 나타내며, 주식 시장의 활황은 가끔 체제가 더 건강해졌음을 나타낸다. 그러나 주식 시장의 폭락이나 활황과 실물 경제의 호황과 불황 사이에는 자동적인 연관은 없다. 예컨대 제2차세계대전의 초기 단계였던 1939년부터 1942년까지 다우지수는 40퍼센트 떨어졌다. 하지만 미국 자본주의는 전례 없는 대호황기에 접어들고 있었다.

이번에도 주식 시장과 실물 경제 사이에 직접적인 연관이 없다는 점은 몇 주도 지나지 않아 드러났다. 실물 경제는 계속 후퇴하면서 대규모 정리해고와 이윤 하락에 대한 보고가 잇따랐지만 미국과 영국의 주식 시장은 오르기 시작했다!

경제에서 정치로

호황에서 경기 후퇴로의 전환은 부드럽고 순조로운 하강이 결코 아니다. 호황기에는 다른 기업보다 투기에 더 열을 올리는 기업이 항상 있기 마련이다. 경기가 하강하면 특히 타격을 받는 일부 산업도 항상 있기 마련이다.

그래서 겉보기에 순조로운 경기 후퇴 시기에도 대기업과 심지어 전체 산업이 갑자기 붕괴 일보직전에 몰리는 급작스런 위기가 간헐적으로 나타나기도 한다. 그리고 양이 질로 바뀌듯이, 경제 붕괴가 갑자기 정치 격변을 초래한다. 정부는 대자본가들의 필사적인 요구와 수많은 노동자들의 갑작스런 고통에 직면해서 마냥 손을 놓고 있기는 매우 어렵다는 것을 알게 된다. 그러나 정부가 무슨 일을 하든지, 심지어 아무것도 하지 않더라도, 그것은 사회 전체의 방향에 대한 고민을 부각시킨다.

미국에서는 몇 가지 문제가 벌써 표면 위로 떠오르고 있다. 부시 행정부는 쌍둥이 빌딩의 붕괴가 초래할 충격을 완화하기 위해 정부 지출을 늘렸다. 몇몇 부분은 국가 개입이라는 이 케인스주의적 방식의 부활이 위기를 해결할 수 있는 조처라며 환영하고 있다. 이 조치는 자유시장 자본주의에 의존하면서 생겨난 피해를 바로잡아 줄 수 있을 뿐 아니라 심지어 신자유주의의 종말을 표현하는 것이라는 말도 나왔다.

그런데 케인스주의적 방식들도 1990년대 말의 호황에서 발전한 미국 경제의 근본적 불균형을 해결할 수 없다. 주요 산업에서 투자는 이윤의 원천보다 훨씬 더 많이 증가했고, 현재 이윤율의 하락은 불가피한 결과였다.

이윤율은 한편으로는 많은 기업의 파산을 통한 대규모 산업 구조 조정을 거치지 않고서는 회복될 수 없으며, 다른 한편으로는 종업원

수를 줄이고 임금을 삭감해 착취율을 크게 높이지 않고서는 회복될 수 없다. 특히 후자의 일이 항공 산업, 항공 우주 산업, 호텔 산업에서는 벌써 벌어지고 있다. 그러나 단기적으로 이런 조치들은 위기를 심화시키고, 소비를 더욱 감소시키며, 결국 경제 전체에 파급 효과를 미칠 수 있다. 기업과 개별 소비자들은 채무에서 벗어나기 위해 소비를 필사적으로 줄여야 한다는 압력을 받게 될 것이다.

전쟁과 경기 침체

미국이 전쟁에 의존한 것은 모순된 효과를 낳았다. 한편으로, 미국 군부는 특정 산업에 돈을 쏟아 부어 시장의 붕괴를 막을 수 있는 버팀목을 제공해 주었다. 특히, 부시는 스타워즈 속편을 밀어붙이기가 더 쉬워졌다는 것을 깨달았다. 다른 한편으로, 불안감 때문에 기업가와 소비자의 자신감이 타격을 더 크게 입을 수 있다.

전쟁은 종종 정치의 불안정을 낳고, 이 불안정이 격화돼 혁명으로 이어지기도 한다. 그러나 지배자들의 결정적인 이해관계에 영향을 미치는 혁명적 격변의 가능성 때문에, 전쟁이 벌어진 지 몇 주 만에 그들이 걱정에 빠지는 것은 흔치 않은 일이다. 그러나 그것은 미국 정부의 군사적 행동에 제약을 가한 요인이었다. 언론 논평가들은 사우디아라비아나 이집트 같은 나라에서 혁명적 격변이 일어날 가능성을 공공연히 지적하고 있으며, 아프가니스탄 전쟁이 인도와 파키스탄의 카슈미르 분쟁을 격화시킨 것을 두려워한다.

다른 한편, 경기 침체의 심화로 세계의 많은 지역에서 불안정이 증대할 것이다. 유럽에서는 1990년대 초반에 드러난 추세들이 가속화할 전망이다. 이 추세는 "슬로 모션으로 돌아가는 1930년대"로 요약할 수 있다. 이것은 중도파가 극우 세력이나 부활한 좌파 세력으로 양극화하는 것을 말한다. 1990년대 초 이래 중요한 변화는 반자본주의 운동의 성장이다. 이 운동은 대개 지금의 반전 운동에서 가장 중요한 구실을 하고 있다. 반자본주의 운동은 위기가 낳은 갑작스런 고통의 초점을 제공할 수 있다. 그리고 10년 전에는 거의 가능하지 않던 방식으로 그렇게 한다.

제3세계의 일부에서도 "슬로 모션으로 돌아가는 1930년대"를 목격할 수 있다. 즉, 경제 위기가 심화해 낡은 정치 구조와 이에 의존하는 국가를 불안정에 빠뜨리고 있다.

사태가 얼마나 악화할 수 있는지는 아르헨티나가 9월 11일 훨씬 전부터 보여 주었다. 아르헨티나 정부는 3년 간의 경기 침체 뒤에 교육 예산을 대폭 삭감하려다가 올 봄에 위기에 빠졌다. 그러자 경제 장관직을 도밍고 카바요에게 맡기면서 시간을 벌었다. 카바요는 지난번 선거에서 패배해 교체된 정부에서도 경제 장관을 지낸 바 있었다. 그는 잠시나마 언론으로부터 아르헨티나의 구세주라는 칭송을 받았다. 여름에 그는 IMF 차관 80억 달러를 받는 대가로 훨씬 더 가혹한 삭감 정책을 추진했다. 그러나 아르헨티나 경제는 계속 추락했다.

아르헨티나 정부가 10월 지방선거에서 패배한 것은 당연한 일이었다. 부에노스아이레스에서는 엄청나게 많은 유권자들이 백지 투표를 했으며, 야당인 페론주의 정당이 다수 의석을 차지했지만, 유권자의 4분의 1은 다양한 극좌 정당을 지지했다. 사정이 이렇다 보니 대부분의 평론가들이 아르헨티나 정부가 페소화 평가절하와 일부 외채에 대한 채무 불이행을 선언하는 것은 시간 문제라고 여긴 것도 별로 놀라운 일이 아니다.

페소화 평가절하와 채무 불이행이 아르헨티나 경제를 약간 회복시킬 수도 있을 것이다. 그러나 이 조치는 국제적으로 파괴적인 충격을 미칠 수 있다. 채무 불이행은 아르헨티나에 대출해 준 은행들(주로 미국계 은행들)에 피해를 입힐 것이고, 그래서 다른 은행들이 다른 나라들에서 자금을 회수하게 해 그 나라들을 파산으로 몰아갈 것이다. 이런 나라들 가운데 일부는 아프가니스탄 전쟁의 충격을 고스란히 받고 있다. 터키는 1년 동안 아르헨티나와 쌍벽을 이루면서 국제 금융가들을 걱정스럽게 만든 나라였다. 이집트는 10년 전 미국의 대 이라크 전쟁에서 미국을 후원한 대가로 외채를 일부 청산했는데도 아직도 많은 외채를 안고 있다. 파키스탄의 외채 부담액은 3백70억 달러나 되지만 지금까지 제공된 구제 금융은 미미한 액수다. 현재 파키스탄 정부 수입의 60퍼센트 이상이 외채 이자로 지급된다. 앞으로 예정돼 있는 채무 재조정을 거치더라도 그 수치는 50퍼센트로 줄어들 뿐이다. 그리고 이 모든 나라의 수출은 미국·일본·유럽 경제의 침체로 인해 타격을 받을 것이다.

이런 사태가 수많은 사람들에게 빈곤을 증대시킬 것이라는 점은 불을 보듯 뻔하다. 이런 상황에서 대중의 불만이 거리에서 폭발해 정부 전복으로 나아갈지는 지켜볼 일이다. 그러나 이런 일이 벌어지는 것이 더 이상 신기한 일만은 아니게 됐다.

전 세계 지배계급의 변호론자들은 단기적인 경기 침체가 호황기의 과도함을 '바로잡아' 줄 것이며, 재빠른 군사적 승리는 중동에 있는 미국의 예속 정권들에 대한 위협을 제거할 것이라고 진단하고 있다. 사태가 이렇게만 된다면 그들은 매우 운이 좋은 편이다. 그들의 경제가 도처에서 미끄러지고 있는 지금, 가연성 물질로 가득 찬 지역에서는 부시와 블레어가 시작한 전쟁 때문에 예측 불가능한 온갖 일들이 벌어질 수 있다.

공황은 어떻게 일어나는가?

세계경제는 불황 국면에 돌입했다. 산출량의 증대는 둔화하고 있다. 게다가 실업도 증대하고 있다.

정부와 경제학자들과 언론은 불황의 원인에 대해 다양한 설명을 하고 있다. 그들 가운데는 불황이 정부정책 탓이라고 힘주어 말하는 '개혁적'인 사람들도 있고, 노동자들의 임금인상 욕구를 탓하는 반동적인 자들도 있고, 재벌들의 부동산 투기를 나무라는 도덕적인 사람들도 있다.

이 모든 주장은 자본주의가 그래도 여전히 가장 합리적인 생산·분배 방식이라는 전제를 깔고 있다. 정부의 경제각료들이 바뀌거나, 노동자들이 제 몫 찾기를 자제하거나, 정부가 강력한 조세법으로써 토지 매매를 규제하거나 한다면 자본주의가 원활하고 지속적으로 성장할 수 있다는 생각에 바탕을 두고 있는 것이다.

이 글은 《명확한 정치학 (2)》(1991년 7월 발간)에 실린 것이다.

하지만 이런 주장들은 역사의 검증을 견뎌낼 수 없는 것들이다. 자본주의의 역사 전체가 호황 다음에 불황이 곧 따라오는 냉혹한 경기순환으로 특징지워지니까 말이다.

호황 때마다 관변 경제학자들은 자본주의여 영원하라를 노래했다. 그리고 불황이 찾아왔다. 입 큰 개구리마냥 그들은 체제 찬가를 쑥 들여보냈다. 하지만 그렇다고 해서 자본주의에 근본적인 문제가 있다고는 차마 생각해 볼 엄두도 못 낼 처지에 있다.

제2차 세계 대전 전의 100년 동안 불황은 마치 메트로놈 같은 빈도수로 발생했다. 대강 10년마다 찾아오는 식으로 말이다.

대전 후에는 사정이 달라졌다. 전후 4반세기 동안 세계경제는 공전의 호황을 누렸다. 감속 성장이 있긴 있었지만, 예전의 불황 같은 것은 전혀 아니었다.

하지만 이것은 지난 20년 사이에 싹 달라졌다. 1971년에 처음으로 불길한 조짐을 예고하더니, 74-75년, 79-82년, 그리고 요즘, 올 것이 오고야 마는구나라는 느낌을 '확실하게' 주고 있다.

요컨대 자본주의의 역사는 호황과 불황의 계기적 연속의 역사이다.

개개의 불황이 어떻게 시작해서 어떻게 전개되었는가에 대한 세부 사항과 정확한 성격은 경우마다 다르지만, 그 불황들의 근저(根底)에는 체제의 기본적 특징이 자리잡고 있다.

그것은 경제의 재화 생산 능력과 인민 대중이 그 재화들을 살 수 있는 구매력 사이의 괴리이다. 다른 자본가들과 경쟁해야 하는 처지에 있는 각 자본가는 자기가 고용하고 있는 노동자들에게 될 수 있는 대로 적은 임금을 주면서 생산과 이윤을 확대하려 한다. 그 결과, 노동자들이 살 수 있는 것보다 더 많은 재화가 생산된다. 이 격차는, 각 자본가의 이윤이 노동자들이 생산한 가치보다 더 적은 가치를 그들에게 지불하는 것에 달려 있으므로, 체제에 구조 내재화된 것이다. 그리고 그 격차는 극소수밖에 안 되는 부자들의 소비에 의해 벌충되지 않는다. 왜냐하면 그 간극을 메울 만큼 그렇게 씀씀이가 커도 까딱않을 사람들이 그리 많지 않기 때문이다.

　기업이 생산한 상품을 모두 팔지 못하는 것을 두고 경제학자들은 공급이 수요를 초과하고 있다고 말한다. 이러한 "공급 과잉" 상태가 팔리지 않는 재화를 사고 싶어하는 사람이 없음을 뜻하는 것이 아님은 물론이다. 구매자를 기다리는 자동차가 울산에서, 인천에서 즐비하게 세워져 있어도 대다수 노동자들에게는 그림의 떡이다. 강남의 웬만한 사람들이 음식 버리기를 휴지 버리듯이 해도 빈민가의 아동 가운데는 쫄쫄 굶는 아이들이 수두룩하다.

　문제는 상품이 일정 이윤 없이는 팔릴 수 없다는 데 있다. 만약 그런 일이 생기면, 기업들은 조업을 단축하거나 아예 공장 문을 닫고 노동자들을 해고한다. 그러면 노동자들이 보지하고 있는 화폐총량이 감소하고 더욱 많은 기업들이 자기네 제품을 팔지 못하게 된다. 그러면 그 기업들도 생산을 감축할 것이다. 불황이 깊어진다.

　불황을 피할 수 있는 길이 마치 있는 것처럼 보인다. 즉, 새로 공장을 짓고 기계를 사들이는 데 이윤을 투자하면 되지 않겠는가 하는 생각이 퍼뜩 떠오른다. 그러면 노동자들을 위한 일자리가 더 생겨날 것이고, 그렇게 되면 그들은 전에는 사지 못했던 물건들을 이제는 살 수 있는 임금을 받을 것이다. 이것은 이번에는 더 많은 이윤을 생겨 나게 해, 재투자가 가능하게 되고, 그리하여 꾸준한 성장과 완전고 용의 호순환(好循環)이 전개될 것이다.

하지만 사장들은 이윤을 톡톡히 남길 수 있을 때만 투자한다. 그 렇지 못하다면 그들은 돈을 차라리 은행에 넣어둘 것이다. 많은 이 윤을 남길 전망이 보이면 자본가들은 거기에 투자하러 으르르 몰려 간다. 그래서 생산 확대와 건물 증축과 신규 설비 구입을 위해 서로 다투고, 원료를 찾아 세계를 뒤지며 숙련공을 구하는 데 혈안이 된 다. 호황이 한창이게 된다.

그러나, 사적 자본가건 국유기업이건 간에 자본가 사이의 각종 자 원 확보경쟁은 그들이 생산한 제품의 값을 올리는 압력을 가한다. 토지 확보 경쟁으로 땅값이 뛴다. 원료 수요 증가로 그 비용이 증대 된다. 기업의 숙련공 채용 경쟁으로 숙련 노동자들은 임금을 인상시 킬 수 있게 된다. 그래도 생산 확대 덕분에 실업이 줄어든다. 그래서 노동자들이 더 많은 재화를 살 수 있게 된다. 기업은 그 재화를 생산 하기 위해 더 많은 설비투자를 하게 되고, 이것은 그러한 설비를 생 산하는 기업이 번창하게 해준다. 호황에 편승하려 허겁지겁하는 사 장들 가운데 자금이 충분치 않은 자들은 은행이나 여타 금융기관에 서 대출을 받고자 한다. 미래에 남길 이윤으로써 원리금 상환이 가 능하길 바라면서 말이다.

하지만 무계획적이고 혼돈스러운 경쟁으로 말미암아 경제에 갖가 지 불균형과 병목 현상이 일어난다. 지난 1-2년 사이에 급증한 국제 수지 적자와 요즘 앙등하고 있는 물가가 대표적인 예이다. 또 다른 예는 미국의 "쌍둥이 적자," 즉 재정적자와 무역적자(일본·독일과의 무역에서 비롯한)이다.

어떤 호황 국면에서든, 물가가 오름에 따라 일부 기업들은 이윤이 대폭 줄어들거나 심지어 전혀 남지 않을 정도로 비용이 증대해 있음을 깨닫는 지점에 도달한다. 그때, 호황은 이미 지나갔고 이제는 불황이 시작되고 있구나 하는 것을 느끼게 된다. 이윤이 줄어드는 기업은 생산을 감축하게 된다. 기업주의 신규투자 기피로 말미암아 공장 신축 그리고 설비와 원자재 신규구입이 활발히 이루어지지 못한다.

그리하여 마침내 거의 모든 산업이 불황에 빠진다. 노동자들이 해고당하고 그리하여 다른 산업에서 생산된 상품을 살 수 없게 된다. 불황이 확산·심화된다. 불황은 가장 비효율적이고 가장 부채가 많은 기업들을 파산시켜 생존한 기업들에 가해지는 압력을 덜어준다. 수요 감소로 말미암아 원자재와 기타 각종 필수자재의 값이 떨어진다. 비용 하락 덕분에 어느 시점에서 자본가들은 다시 이윤을 남길 수 있는 기회를 발견하고는 투자를 재개한다.

호황·불황의 순환이 전면 재개된다.

이윤 경쟁에서 비롯하는 자본주의의 혼돈성 때문에 자본주의가 존속하는 한 이러한 호황·불황의 일반 유형은 계속되고야 말 것이다.

정부 정책, 계급투쟁의 상태, 세계경제의 여러 다른 부분들 사이의 관계 등이 호황과 불황의 세부적인 성격에 실제적인 영향을 미친다. 하지만 기저(基底)의 유형과 원인들은 체제 자체 내에 본질로서 내재한다.

그러나 호황·불황 순환은 그저 단순히 반복되기만 하는 것은 아니다. 자본주의가 나이를 먹어 감에 따라 그것은 심오한 변화를 겪었다.(다국적기업과 거대한 국영기업의 등장만으로도 충분한 예가 되리라.) 이것은 호황과 불황의 성격을 바꾼다.

체제가 확장되는 시기의 투자 물결 덕택에 기계·건물·원자재의 양이 생산에 고용된 노동자 수보다 더 빨리 증가한다. 그러나 사장들의 이윤의 유일한 원천은 노동자이다. 그러므로 노동자가 받는 것과 그들이 산출하는 재화의 가치 사이에 격차가 생긴다. 만약 투자 규모가 이윤의 원천에 비해 더 많이 증가한다면, 기업주의 총투자액 1단위에 대한 그들의 이윤량은 하락한다. 개별 기업주는 더 많은 투자를 하도록 압박을 받는다. 왜냐하면 그럼으로써 노동을 더욱 생산적이게 만들어 이윤 획득 싸움에서 경쟁자들에 비해 일시적이나마 우위를 확보할 수 있기 때문이다.

그러나 체제 전체에 대한 효과는 점차 이윤율을 압박하는 것이다. 장기적인 이윤 압박은 다양한 요인들로 말미암아 일시적으로 상쇄될 수 있지만, 일단 상쇄 요인들을 압도하기 시작하면 팽창기는 지나가고 1930년대나 요즘 같은 공황기가 도래한다. 이러한 공황은 심오한 사회적 격변을 일으킬 수밖에 없다. 누가 부담을 떠맡을까를 놓고 지배자들끼리 갈등이 벌어지면 전쟁도 일어날 수 있다. 사용자와 노동자 사이에 충돌이 벌어지고 격화되어 대결로 치닫곤 한다. 1920-30년대에 그랬고, 지금의 공황에서도 그럴 것이다.

사회적 격변과 전투의 결과는 예정되어 있지 않다. 그것은 전투 세력들의 — 특히 노동계급의 — 정치·사상·조직에 달려 있다.

그러나, 노동자들이 자본가들로부터 사회에 대한 통제권을 빼앗아 자본가 체제가 기초로 삼고 있는 무질서한 경쟁과 이윤 획득 싸움을 끝장낼 수 있는 가능성이 이 투쟁들로부터 생겨난다.

《노동자 권력》4월 특별호의 머리말은 부시의 "새로운 세계질서" (또는 일부 언론에서는 "신국제질서"라고도 번역된다)가 《국제적 연대》의 주장처럼 "세계 자본가들의 단결"이 아니라, "제국주의 체제이며, '전쟁과 혁명의 시대'이며, 자본가 계급 내부 분열의 격화이며, 경제공황이며, 노동자 계급 저항의 격화"라고 힘주어 말했다.

4월 정기호는 부시의 질서가 그나마 잘 안 될 것이라는 징후를 보이고 있음을 덧붙이고자 한다.

그 징후들인 즉,

1. 세계는 고사하고 중동에서도 안정의 기미가 안 보인다.

2. 걸프 전쟁이 상대적인 경제적 쇠퇴라는 미국 자본주의의 근본 문제를 해결하지 못했다.

3. 세계경제가 불경기 상태에 있다.

4. 소련은 군부독재와 나라의 해체 사이에서 오락가락하고 있다.

그러나, 자본주의의 본성이 영구적인 평화와 안정을 결코 가져올 수 없음을 이해하는 것도 중요하다. 자본주의는 지금도 그러지 못하지만 미래에도 그러지 못한다. 앞으로 얼마나 많은 전쟁을 일으켜 승리할지 몰라도 말이다.

왜 그런가 하는 첫 번째 이유인즉, 앞서도 말했듯이, 자본주의가 이윤 경쟁에 바탕을 두고 있다는 것이다. 경쟁은 체제의 곳곳에 스며

들어간 나머지 동네 슈퍼에서 재벌까지 그리고 심지어 국민국가까지 경쟁에서 자유로울 수가 없다. 경쟁은 냉혹하며 세계적 차원에서 일어난다.

기업 차원에서 경쟁에서의 낙오의 대가는 파산이다. 국민국가 차원에서는 경쟁에서의 패배는 빈곤, 부채, 세력 상실, 굴욕, 그리고 외세의 지배이다.

한 나라 안에서 경쟁은 국가가 강요한 제반 법령에 의해 어느 정도 규제된다. 이런 의미에서 마르크스는 자본가 국가가 "부르주아지 전체의 공동사무를 관장하는 위원회"라고 불렀다.

나라들 사이에는 그러한 강제력을 결정적으로 독점하고 있는 초국가적 권위가 존재하지 않는다. UN은 결코 그런 것이 되질 못한다. 그러므로 지속적인 안정이 불가능하다.

때때로 이루어지는 국제적 화합들은 특정 시기의 경제적·군사적 세력균형을 반영한 것에 지나지 않는다. 그때 이루어진 세력균형이 급속히 변하면 그러한 화해와 안정은 폐기되거나 그냥 유명무실해져 버린다. 하지만 세력균형은 끊임없이 변하는 것이므로, 새로운 세력 테스트를 거쳐 새로운 — 그리고 또 다시 일시적인 것에 불과할 — 안정이 이루어지는 것 또한 시간 문제이다.

이윤을 위한 생산체제가 파괴될 때까지, 매번의 자본주의적 전쟁은 자본주의적 평화의 전주곡일 뿐이다. 그리고 매번의 자본주의적 평화는 다음에 올 자본주의적 전쟁의 전주곡일 뿐이다.

자본주의는 전 세계에 걸쳐 불균등하게 발전한다. 일정 기간, 상대적 선진국은 상대적 후진국보다 엄청난 비교우위를 획득한다. 그러나 어떤 상황에서는 후진성에도 우위가 존재한다. 상대적 후진국은 상대적 선진국이 겪은 모든 과학·기술·공업 발전과정을 반복할 필요가 없다. 그 대신 후진국은 외국으로부터 가장 최신의 발명과 생산방식을 배우고 수입함으로써 발전단계들을 건너뛸 수도 있다. 이 때문에 경제적 지배 국가들은 항상 신흥 부상 국가들의 도전을 받는다. 그리하여 19세기 중엽 영국은 최초의 공업국이라는 지위로부터 엄청난 이점을 누렸다. 그러나 19세기 말경에는 이 이점은 진취적인 후발국가 독일에 대하여 핸디캡으로 전화하고 말았다.

이렇게 경쟁은 "불균등·결합 발전"(트로츠키)에 의해 그 도가 더 심해진다. 그리하여 불안정도 더 심해진다.

경제공황으로 향하는 자본주의의 경향에 의해 한층 더한 불안정이 생겨난다.

때때로 자본주의라는 기계의 변속장치는 급작스레 삐거덕거리다, 경기후퇴가 강타하고, 미친 듯한 이윤 추구는 완전히 역전된다. 그 뒤에 따라오는 불황에서 어떤 자본들은 사업에 실패하고, 어떤 것들은 생존해 그것들을 인수한다. 성장이 재개되면 그것은 새로운 세력균형 하에서 그리고 새로운 기초 위에서 그렇게 되는 것이다.

마지막으로 모든 자본단위 안에서, 즉 동네 슈퍼에서 국민국가까지, 착취자와 피착취자 사이에 이해관계의 충돌이, 즉 분열이 있다는 사실을 지적할 수 있다.

대부분의 경우 이러한 갈등은 다룰 수 있는 한계 안에 있다. 그렇지 않으면 체제는 전혀 생존하지 못할 것이다. 그러나 계급투쟁이 폭발할 가능성은 언제든지 있다. 계급투쟁이 실제로 폭발하면 그것은 반드시 국제적 반향을 일으켜, 기존 "질서" — 부시의 "새로운 세계질서"도 예외는 아니다 — 를 동요시키고, 그리하여 새로운 불안정과 충돌의 요소들을 형성시킨다.

이런 식으로 자본주의는 공황을 생성한다.

왜 세계는 지금 경제 위기에 직면했는가?

"이제 투자자들은 특정 은행의 현금 보유량이 충분한지 아닌지를 걱정하지 않는다. 그들은 미국의 경기 침체나 심지어 세계 경제의 침체를 걱정한다." 지난 1월 18일 〈파이낸셜 타임스〉는 자본가들의 이윤으로 먹고사는 사람들의 우려를 그렇게 요약했다.

주류 경제 평론가들이 동의하는 것이 하나 있다. 지난해 여름 금융계 일각에서 시작된 위기가 이제 자본주의 체제 전반의 혼란으로 이어질 수 있다는 것이다.

전 미국 재무장관 로런스 서머스는 미국이 이미 경기 후퇴에 빠져들었을지 모른다고 말한다. 미국 연방준비제도이사회[중앙은행] 의장을 지낸 앨런 그린스펀은 미국의 경기 후퇴가 진행중일 가능성이 50퍼센트라고 생각한다. 유엔 보고서는 올해 세계 경제 성장률이 둔화하다가 거의 정체할 수 있는 "명백하고 현존하는 위험"을 경고한다.

크리스 하먼. 〈맞불〉 77호, 2008년 3월 6일. https://wspaper.org/article/5072.

그린스펀의 후임자인 벤 버냉키는 약간 더 밝은 전망을 내놓으려 한다. 그는 올해 성장률이 둔화하겠지만 경기 후퇴까지는 아닐 것이라고 예측한다. 1930년대 대공황기 화폐의 구실을 다룬 학술 논문들의 저자인 버냉키는 자타가 공인하는 공황론 전문가이다. 그러나 지난해 여름 그는 위기가 금융 시스템을 강타할 것이라는 점을 전혀 예측하지 못했다.

버냉키의 예측이나 자본주의를 지지하는 주류 경제학자들의 예측은 별로 신뢰할 수 없다. 그들은 자본주의가 부당이득자들에게 돈을 안겨 주는 기계나 다름없다고 여기고 자본주의를 맹목적으로 신뢰하기 때문에, 상황이 갑자기 나빠지기 전까지는 거의 항상 모든 것이 제대로 돌아가고 있다고 믿는다.

어쨌든 걱정이 커진 버냉키는 금리를 낮췄고, 조지 부시는 긴급 감세 정책에 동의하도록 의회를 압박했다. 그들은 그런 조처들로 경기 둔화가 불황으로 이어지지 않기를 간절히 바란다.

한 가지 명백한 사실이 있다. 세계 경제에 대한 지극히 낙관적인 전망 — 겨우 1년 전만 해도 대다수 주류 경제 평론의 특징이었다 — 이 완전히 틀렸음이 입증됐다는 것이다. 지난해 4월 국제통화기금(IMF)이 '세계 전망'에서 "세계 경제는 순조로운 흐름을 이어가며 2007년과 2008년에도 건실한 성장세를 지속할 것"이라고 예측한 게 대표적이었다.

자유시장의 경이로움에 완전히 매료된 고든 브라운[영국 총리], 재무장관 앨리스터 달링, 영국은행 총재 머빈 킹은 지난해 8월 중순 위기가 폭발한 뒤에도 사태의 심각성을 무시했다. 킹은 런던 금융계에서

일하는 친구들의 금리 인하 요청을 거부했고, 브라운과 달링은 노던
락[미국 서브프라임 모기지 사태의 여파로 대규모 예금 인출 사태가 벌어진 영국 은행]
사태가 저절로 해결되도록 [정부가] 지원하겠다는 약속만 해야 한다
고 믿었다. 그들은 결국은 납세자들의 막대한 돈이 들어갈 것이라는
점을 전혀 생각하지 않았다. 자본주의 체제의 혼란에 직면한 그들은
지도·나침반·키도 없이 항해에 나서는 사람들과 비슷하다.

서브프라임 모기지

그들은 학교에서 가르치는 정설 '신고전파' 경제학을 신봉하고 그
것이 자본주의 체제의 우월성을 입증해 준다고 생각한다. 그러나 그
학설은 자본주의 체제가 위기로 빠져드는 경향을 결코 설명할 수 없
었다.

자본주의 체제는 수천 개의 다국적기업들과 수십 개 남짓 되는 주
요국 정부들의 비(非)계획적 상호작용에 의존한다.

그것은 마치 차선, 도로 표지판, 교통 신호등, 속도 제한 등이 없
는 교통 체계와 비슷하다. 심지어 도로에서 같은 방향으로 차를 운
전해야 한다는 분명한 교통 법규조차 없는 것과 비슷하다. 따라서
체제를 감독해야 할 사람들이 금융 부문의 폭락이 훨씬 더 심각한
사태로 번지는 것을 막기가 매우 힘들다. 그리고 그들이 혹시 그렇
게 하는 데 성공하더라도 기껏해야 최후의 심판을 2~3년 더 연장하
는 일시적 성공에 불과하다.

그 이유를 알려면 위기가 어디서 비롯했는지 살펴봐야 한다. 지금은 모두 동의하듯이, 위기의 직접적 원인은 미국의 서브프라임 모기지[비우량 주택담보대출]였다. 손쉽게 돈을 버는 데 혈안이 된 금융업자들은 예전 같으면 가난하다, 안정된 직장이 없다, 기존 대출금 상환 능력도 없다는 이유 등으로 신용불량자로 분류됐을 사람들에게도 돈을 빌려 주기 시작했다. 집값이 오르고 있었으므로, 돈을 빌려간 사람들이 돈을 갚지 못하더라도 담보로 잡은 집을 경매 처분해 상당한 이윤을 남길 수 있을 거라는 계산이 있었다. 그런 대출 자체가 다시 집값 상승을 부추기는 효과도 냈다.

금융업자들은 흔히 자기 돈이 아니라 남의 돈을 빌려다가 대출해 주었고, 그 남들은 또 다른 곳에서 돈을 빌렸다. 각 단계마다 금리는 조금씩 차이가 났고, 복잡한 단계를 거쳐 막대한 거액이 거래되는 과정에서 손쉽게 엄청난 이윤을 남기는 것처럼 보였다. 미국과 유럽의 주요 은행들이 거의 모두 이 사업에 뛰어들었다. 그들은 자금 대출을 위해 돈을 빌리는 특수 금융기관들을 설립해 온갖 종류의 대출 상품들을 패키지로 묶어 만든 이른바 [파생]'금융상품'들을 판매했다. 한동안 만사형통인 듯했고, 금융업자들은 서로 상대방의 통찰력과 탁월한 기업가 정신을 칭찬했다. 노던락은 1년 전만 해도 "런던 금융계에서 혁신적인 금융기법으로 칭찬이 자자했던 유망 기업"이었다. 고든 브라운 같은 정치인들은 이런 평가에 진심으로 동의했다.

만사가 형통하지 않다는 첫 조짐은 18개월 전에 나타났다. 미국 경제 성장률이 둔화하면서 금리를 감당할 수 없게 된 주택담보대출

자들이 급증했고, 그래서 경매로 넘어가는 주택들이 증가했다. 그러나 금융상품을 거래하는 업자들은 가난한 미국인들의 문제보다 계속 이윤을 얻는 데 관심이 더 많았다.

그러나 집값이 떨어지자 주택담보대출 업체들은 주택 1백만 채를 경매 처분하더라도 자신들이 빌린 돈을 갚을 수 없다는 것을 깨달았다. 그들에게 기꺼이 돈을 빌려 주었던 은행들도 막대한 손실을 입게 됐다는 것을 갑자기 깨달았다. 상황을 훨씬 더 악화시킨 것은 '금융상품'들이 워낙 복잡해서 특정 은행의 문제가 얼마나 심각한지 정확히 아는 사람이 아무도 없었다는 것이다. 금융기관들은 다른 금융기관에 돈을 빌려 줬다가 돌려받지 못할까 봐 서로 대출을 꺼리게 됐다. 이것이 이른바 '신용 경색'이었다.

중국 '저축'

현대 자본주의의 일상 활동은 자금의 차입과 대출에 의존한다. 모든 기업은 특정 상품을 외상으로 구입하고 자신이 만든 상품이 팔릴 때까지 현금 지급을 미룰 수 있기를 바란다. 신용 경색은 심장마비에 비유된다. 심장마비에 제때 대처하지 못하면 전체 신진대사가 마비된다. 그래서 자유시장 개입을 기피하는 철학을 가진 정부조차 황급히 시장에 개입해서 민간 기업에 막대한 돈을 쏟아붓고 그 돈으로 자금 순환이 재개되기를 바라는 것이다.

많은 평론가들은 거기서 상황이 종료된다고 본다. 보통 그들이 끌어내는 교훈은 금융 규제를 더 강화해야 한다는 것뿐이다. 따라서 그동안의 사태 전개를 둘러싼 모든 논쟁은 정확히 얼마나 많은 규제가 필요한지를 둘러싼 논쟁으로 바뀌고 만다.

그러나 더 깊이 들여다보는 사람들도 있다. 그동안의 사태 전개 방향을 가장 우려한 사람들 가운데 한 명이 〈파이낸셜 타임스〉의 마틴 울프였다.(그가 그렇게 심층 분석을 하게 된 것은 아마 10년 전 아시아 경제 위기가 시작됐을 때 단순한 "딸꾹질"로 치부하며 상황을 완전히 오판한 실수 때문인 듯하다.) 울프는 최근 다음과 같이 썼다. "지금 내가 두려워하는 것은 금융 시스템의 취약성이 그로 인해 내부자들이 치러야 할 엄청난 대가와 맞물려 전 세계적으로 훨씬 더 중요한 것 — 시장경제 자체의 정치적 정당성 — 을 파괴하는 것이다."

울프 같은 평론가들이 지적하는 것은 7년 전의 경기 후퇴 이래로 미국의 경제 성장이 상당 부분 가계 부채와 정부 재정 적자라는 부채 증가 덕분이었다는 것이다. 그런 부채가 없었다면 미국 기업들이 생산한 많은 제품은 팔릴 수 없었을 것이고, 따라서 가계와 정부의 차입이 지속되지 못하면 불황은 필연적이다. 그 여파는 미국 기업들에 국한되지 않는다. 미국이 세계 경제 성장의 한 축이었다면 다른 한 축은 중국이었다. 그리고 중국의 경제 성장에서 결정적 구실을 한 것은 연간 수천억 달러에 이르는 대미 수출이었다.

어려움을 더 가중시킨 것은 — 그리고 문제를 해결하려고 애쓰는 각국 정부와 중앙은행들을 더 골치 아프게 만든 것은 — 미국 소비자들이 중국산 제품을 구매하기 위해 빌린 돈이 대부분 중국에서 건너온 자금이었다는 것이다. 중국이 미국에 제품을 수출해 번 돈이 태평양을 건너와 미국에서 중국산 제품을 구매하는 데 사용됐다. 울프가 썼듯이, 미국 소비자는 "세계 경제를 지탱하는 최후의 구매자"이다.

3년 전 IMF의 후원으로 작성된 세계 경제 조사 보고서는 이런 일이 어떻게 일어나는지 보여 준다. 중국 '저축'(전통적인 이윤 계산 방식에 따른)의 약 10퍼센트는 신규 투자로 사용되지 않고 남겨졌다. 이렇게 남는 돈은 대부분 미국 경제로 대출됐다. 다른 동남아시아 나라들이나 산유국들의 '저축'도 똑같은 경로를 거쳤다. 심지어 미국 기업들도 투자보다 '저축'이 더 많았고, 이렇게 남는 돈을 은행들에 빌려 주면 은행은 이 돈을 또 소비자들에게 빌려 줬다.

중대한 함의

이것은 중대한 함의가 있다. 자본주의 경제가 원활하게 돌아가려면 체제 전반에서 생산되는 제품이 모두 팔려야 한다. 그러나 세계의 노동자와 농민 들이 그런 제품들을 구매하는 데는 한계가 있다. 왜냐하면 그들의 생활수준은 자본가들의 이윤을 위해 억제되기 때문이다. 이것이 뜻하는 바는 나머지 제품들을 자본가들이 소모해야 한다는 것이다. 즉, 자본가들의 개인적 소비를 위해(자본가들은 국가가 군대와 무기 등에 지출하는 것도 그들 자신에게 필수적인 소비로 여긴다) 또는 미래의 이윤을 위한 생산적 투자에 사용돼야 한다.

투자가 저축보다 낮아지면 이미 생산된 것과 현재 판매되는 것 사이에 차이가 벌어진다. 일부 기업들은 생산품을 모두 판매할 수 없게 되고, 수지를 맞추기 위해 노동자들을 해고한다. 이 때문에 판매 시장이 더욱 위축되고, 마침내 불황이 찾아온다.

이런 일이 지난 5년 동안 일어나지 않은 이유는 미국 소비자들이 가외(加外) 시장 구실을 하면서 잉여 생산품을 흡수했기 때문이다.

신용 경색으로 이 과정이 중단됐고, 미국의 주택 건축과 자동차 판매는 이미 타격을 받고 있다. 은행들이 서로 신뢰를 회복해 상호 대출을 재개하더라도 아주 높은 신용 등급이 아닌 사람들에게도 다시 대출하기까지는 상당한 시간이 걸릴 것이다. 그래서 경기 후퇴 전망이 그토록 높은 것이고, 미국 이외의 경제가 타격을 입을 가능성도 큰 것이다.

그러나 마틴 울프 등의 주장은 완전하지 않다. 그들은 왜 세계 경제가 미국 소비자에게 그토록 의존하게 됐는지 설명할 수 없다. 이 문제에 답하려면 온갖 종류의 주류 경제학보다 훨씬 더 깊이 파고들어가, 1970년대 이후 세계 경제가 앓고 있는 병을 살펴봐야 한다.

자본가들에게 투자의 동기를 부여하는 것은 이윤의 절대적 수준만이 아니다. 투자 대비 이윤의 비율인 '이윤율'도 중요하다. 이윤율은 1940년대 말부터 1960년대까지 대체로 높은 수준을 유지했다. 그래서 당시는 투자도 계속 증대하고 호황도 지속되면서, "자본주의의 황금기"라는 말까지 나왔다. 그러나 1960년대 말부터 1982년까지 이윤율이 계속 하락해 그 전 20년간 평균치의 거의 절반까지 떨어졌다. 1970년대 중반과 1980년대 초의 심각한 경기 후퇴는 이렇게 이윤율이 하락한 결과였다.

흔히 주류 경제학자들은 당시의 경기 후퇴를 갑작스런 유가 인상 탓으로 돌린다. 그러나 이윤율이 그토록 크게 하락하지 않았다면 체제가 유가 인상의 충격을 쉽게 흡수했을 것이다.

이윤율은 1980년대 중반과 1990년대 중반에 부분적으로 회복될 수 있었다. 그 이유 중 하나는 노동자들의 임금을 억제한 덕분에 전체 국민 소득에서 총이윤의 몫이 늘어났기 때문이다. 도처에서 장시간 노동의 압력과 사회복지 서비스(이른바 '사회 임금')에 대한 공격이 증대했다. 미국에서는 1970년대 초부터 1990년대 말까지 실질임금이 하락하고 노동시간이 대폭 증가했다. 유럽에서는 미국만큼 실질임금이 하락하지는 않았지만, 영국에서는 노동시간이 증가했고(특히 많은 화이트칼라 노동자들의 운명인 무급 연장근로를 포함하면 분명히 그렇다) 지금 유럽의 주요 나라들은 영국의 선례를 따라야 한다는 압력을 받고 있다.

이와 함께, 일부 대자본가들은 다른 자본가들의 파산에서 이득을 얻을 수 있었다. 루퍼트 머독은 15년 전에 로버트 맥스웰의 미디어 제국 붕괴에서 이득을 얻었고, 항공업계의 파산 소용돌이는 영국항공처럼 살아남은 기업들의 이윤 증대에 도움이 됐고, BAe[유럽 최대의 방위산업체인 영국 항공회사]는 GEC-마르코니[미국 제너럴일렉트릭(GE)의 군수산업체였는데 1999년에 BAe에 합병됐다]의 곤경을 이용해 득을 봤다. 비슷한 사례는 아주 많다.

노동자 구매력 하락

그러나 이윤율은 과거 수준의 절반 이상으로 회복되지 못했고, 호황은 1987년 10월 주가 폭락이나 1997년 아시아 위기를 계기로 갑자기 난관에 봉착하곤 했다. 두 경우 모두 미국 연준과 영국은행의 대책은 금리 인하와 대출 장려였다. 그런 조처들 덕분에 호황은 연장될 수 있었고, 그 때마다 평론가들은 자본주의가 끝없이 성장하는 새 시대가 열렸다고 떠들었다. 그러나 경기 후퇴는 완전히 사라진 것이 아니라 2~3년 더 연장됐을 뿐이었다.

2001~2002년의 경기 후퇴는 미국 경제에 특히 위협적이었다. 제너럴모터스(GM) 같은 거대 기업들은 9·11 공격 전에 이미 손실을 기록하고 있었고, 그래서 겁에 질려 있던 기업 경영자들은 엎친 데 덮친 격으로 터진 9·11 사태를 겪으며 심리적 공황 상태에 빠졌다. 미국 정부가 황급히 나서서 부자들의 세금을 감면하고 군비 지출을 늘리는 동안, 연준은 전보다 훨씬 더 큰 규모의 자금 차입을 장려하기 위해 금리를 인하했다. 그래서 경기 후퇴가 불황으로 이어지는 것을 막을 수 있었다.(사실, 일부 주류 경제학자들은 경기 후퇴 자체가 아예 없었다고 주장하기도 한다.) 그러나 당시 미국 정부와 연준의 대응은 지금 자본주의 체제가 직면한 문제들의 씨앗을 뿌린 셈이었다.

한동안 기업들은 인력을 대폭 감축해서 이윤율을 어느 정도 회복할 수 있었다. 그 과정에서 제조업 노동자 2백70만 명이(여섯 명 가운데 한 명꼴로) 일자리를 잃었다. 25년 만에 처음으로 1990년대 말에 상승했던 실질임금이 다시 떨어졌다. 그럼에도 마르크스주의 경제학자 로버트 브레너가 계산한 바에 따르면, 2005년에 이윤율이 최고치를 기록했을 때조차 1970년대 중반 이후의 경제 위기 직전 수준에 불과했다. 2006년에 미국 최대 기업 월마트는 이윤이 감소했다고 발표했고, 미국의 거대 자동차 회사인 GM과 포드는 모두 기록적인 손실을 입었다. 바로 그 때 경제 성장률 둔화가 많은 빈민들의 주택 담보대출금 상환 능력에 타격을 가했다.

이윤율 상승이 충분치 않아서 투자는 과거 수준만큼 늘지 않았다. 브레너의 계산에 따르면, 투자 증가율은 과거 50년간의 경제 회복기와 비교했을 때 최저 수준이었다. 그러나 이윤을 늘리다 보니 노동자들이 자신의 임금으로 소비재를 구입할 수 있는 능력이 잠식당했다. 그래서 개인 대출의 중요성이 커져, 국내총생산의 9퍼센트라는 기록적인 수준까지 개인 대출이 증가했다. 자본주의가 생산하는 제품을 모두 구매할 수 있는 다른 방법은 없었다. 대출 시스템이 붕괴하면 경기 후퇴는 필연적이다.

이것은 단지 미국만의 문제가 아니다. 중국의 높은 경제 성장률 덕분에 나머지 세계 경제가 살아날 수 있을 것이라고 말하는 사람들도 있다. 그러나 중국의 경제 성장은 상당 부분 대미 수출에 의존하고 있다. 만약 미국 경제가 위기에 빠지면, 중국 경제도 난관에 봉착할 것이다.

각국의 자본주의 정부와 중앙은행은 대출을 지속시킬 방안을 필사적으로 찾았다. 그런 방안 가운데 하나는 금리를 인하해서 은행에 돈을 풀고 은행이 사람들에게 대출하도록 만드는 것이다. 마틴 울프는 이 방안을 헬기에서 돈을 뿌리는 것에 비유했다. 또 다른 방안은 정부 차입을 늘리는 것이다. 이것은 부시가 세금 감면과 함께 제안하는 방안이다.

그러나 국가가 금리를 인하하기 위해 또는 감세 비용을 충당하기 위해 돈을 찍어내면 항상 문제에 부딪힌다. 그런 방법이 때로는 단기 적으로 경기를 부양할 수 있다. 그러나 그것은 단기 처방일 수밖에 없다. 왜냐하면 임금 삭감으로 시장을 위축시키지 않고도 이윤을 늘려 투자를 촉진할 수 있는 방법이 무엇인가 하는 근본 문제를 전혀 해결하지 못하기 때문이다. 그래서 일본 국가는 1990년대 내내 사실상 제로 금리를 유지했음에도 일본 경제는 여전히 옛날 수준만큼 회복되지 않고 있다.

반자본주의 정서

미국과 유럽 각국의 정부는 그런 조처들이 경기 후퇴를 막지도 못한 채 물가만 인상시켜(이미 유가와 곡물 가격이 치솟고 있는 상황에서) 1970년대 말의 스태그플레이션처럼 불황과 물가오름세가 동시에 진행되는 상황이 닥칠까 봐 두려워한다. 미국에서는 금융 위기와 저금리가 맞물려 국제 외환 시장에서 달러화 가치가 급락하자 그런 두려움이 커지고 있다. 달러화 가치 하락은 미국의 국내 물가를 상승시킬 뿐 아니라 미국 지배계급의 세계 경제 권력도 약화시킬 것이다.

그럼에도 그런 조처들이 1980년대 말과 1990년대 말에 그랬듯이 위기를 지연시킬 가능성은 있다. 그러나 그 이상은 할 수 없을 것이다.

영국 경제는 미국과 똑같은 문제들을 일부 안고 있다. 영국의 대출 문제는 미국보다 훨씬 더 심각해서, 가처분소득 대비 부채 비율이 미국은 137.3퍼센트인 반면 영국은 162.9퍼센트이다. 부동산 투기 광풍도 훨씬 더 거세서, 지난 12년 동안 평균 집값이 네 배나 올랐다. 이미 집값이 떨어지기 시작했고 경매 처분이 늘고 있다는 조짐이 나타났다.

아마 더 중요한 사실은, 지난 11년 동안 고든 브라운[당시 재무장관이었다]이 런던을 세계 금융계의 중심으로 만드는 대가로 제조업 일자리를 계속 감소시키는 정책을 추구해 왔다는 것이다. 그 결과 영국은 금융 위기의 충격이 일자리에 직접 영향을 미칠 가능성이 그 어느 나라보다 크다. 그와 동시에, 브라운은 민간 차입 대신 정부 지출로 경기를 부양하는 정책에서 미국 정부보다 재량의 여지가 작다. 그는 6년 전에 정부 지출을 늘리기 시작했다.(그 전 4년 동안은 정부 지출을 최대한 줄였다.) 선거에서 노동당 지지 기반을 유지하고, 지난 번 미국 경기 후퇴의 충격을 완화하기 위해서였다. 지금 그는 정부 지출을 줄이라는 압력을 받고 있다.

지금까지 브라운은 자신이 자본가들을 계속 기쁘게 하면 시장이 기적을 만들어낼 수 있다는 신념을 바탕으로 대응해 왔다. 그래서 그는 재앙적인 노던락 사태를 해결할 '민-관'[협력] 방안을 위해 막대한 돈을 쏟아부었다. 또, 공공부문 임금 억제를 고집하고 있다.

그러나 미국에서 불기 시작한 폭풍이 올해 걷잡을 수 없이 커진다면 그런 조처들로는 영국 자본주의를 충분히 보호할 수 없을 것이다. 오히려 브라운 정부에 대한 불만이 커질 것이다. 또, 이윤 동기에 의해 움직이는 정신나간 경제 체제에 대한 비판적 주장을 많은 사람들이 받아들이게 될 것이다.

은행과 신용

흔히 금융 시스템을 "실물" 경제나 특정 국가에 기반을 두지 않는 "무중력(無重力)의", "세계적" 시스템이라고들 한다.

그러나 금융은 오래 전부터 자본주의에 아주 중요했다. 어느 때든 일부 자본가들은 투자할 수 없는 여유 자금을 가진 반면, 다른 자본가들은 사업 확장을 원하면서도 필요한 자본을 구하지 못해 애를 태운다.

자본가들은 당장 쓸 수 없는 돈을 은행에 맡기고 그 대가로 이자를 받는다. 또는 돈이 필요할 때 은행에서 돈을 빌리고 그 대가로 이자를 지급한다.

이것은 자본주의의 윤활유 구실을 하지만, 체제가 잘못되면 체제 전체의 안정을 위협할 수 있다. 카를 마르크스가 썼듯이, "따라서 은행과 신용은 자본주의적 생산이 자신의 한계를 뛰어넘게 만드는 가장 강력한 수단이자 공황과 사기의 가장 효과적인 매개체 중 하나가 된다."

미국 연준이나 영국은행 같은 중앙은행들은 금융 시스템에서 핵심적 구실을 한다. 중앙은행이 정부의 통제를 받는 정도는 나라마다 다르지만, 특정 국가에 확고하게 기반을 두고 있다. 이 중앙은행들을 중심으로 더 광범한 금융 시스템이 작동하고 있다.

중앙은행은 대체로 법정화폐 발행을 독점하고 금리에 영향을 미치는 강력한 권한이 있다.

마르크스와 이윤율

이윤율(자본가들이 투자한 돈으로 얼마나 많은 이윤을 얻는가를 나타내는 비율)은 자본주의의 동역학에서 핵심적이다. 카를 마르크스는 이 이윤율이 하락하는 경향이 있다고 주장했다.

마르크스는 "산 노동"(자본가에게 착취당하는 사람들이 하는 노동)이 이윤의 원천이라고 주장했다. 산 노동은 새로운 가치를 창출하고, 이 가치의 일부는 임금 형태로 노동자에게 돌아온다. 남은 잉여가치에서 이윤이 나온다.

그러나 자본가들은 산 노동을 고용하는 데서 그치지 않는다. 그들은 "죽은 노동"(기계·원료 등)도 구입한다. 죽은 노동은 서로 다른 노동자 집단의 과거 노동의 산물이다. 이들 기계나 원료를 만들어 파는 자본가들은 그로부터 이윤을 얻을 수 있지만, 이 죽은 노동을 구입하는 자본가는 그로부터 이윤을 얻지 못한다.

마르크스는 시간이 흐르면 경쟁[의 압력] 때문에 자본가들이 죽은 노동에 점점 더 많이 투자할 수밖에 없다고 주장했다. 그래서 각각의 노동자가 다루고 처리하는 기계와 원료가 더 많아진다. 그러나 죽은 노동의 총량은 증가하고 산 노동(이윤의 원천)은 그대로라면, 자본가는 더 많이 투자하면서도 이윤은 전과 똑같이 얻을 것이다. 따라서 이윤율은 하락할 것이다.

경제 위기를 해부한다 ― Q&A

"이런 조처를 취하기 싫다. 그러나 이렇게 하는 게 안 하는 것보다 낫다." 미국 재무부 장관 헨리 폴슨은 7천억 달러를 투입해 미국 금융기관들의 '독성' 부채를 사들이기로 결정한 다음에 이렇게 토로했다.

어떤 이는 현 상황을 석유가 폭등과 함께 자본주의 역사상 최장기 호황을 종결지었던 1973년 불황과 비교한다.

다른 이는 더 거슬러 올라가 1929년 월스트리트 공황을 떠올린다. 당시 세계 무역 체제가 붕괴하면서 1930년대 대공황이 이어졌다. 대공황은 끔찍한 세계대전을 통해서야 종식될 수 있었다.

일부 사람은 위기가 끝났다고 주장한다. 그러나 사실 현재 위기가 어디로 갈지 아무도 알지 못한다.

대규모 국가 개입 덕분에 1930년대식 파국은 발생하지 않을 수도

〈저항의 촛불〉 6호, 2008년 9월 25일. https://wspaper.org/article/5852.

있다. 그러나 미국 정부의 재정 적자가 이미 1조 달러에 이르는 상황에서 국가 개입은 공공부채 규모를 엄청나게 늘릴 것이다.

이런 재정 적자가 높은 이자율, 낮은 투자율과 결합돼 장기간의 저성장 시대를 낳을 수 있다. 1990년대에 일본에서 비슷한 일이 일어났다.

그럼에도 이번 위기는 논쟁을 촉발시켰고 이 논쟁은 단지 회사 중역 회의실이나 정부 재정 위원회뿐 아니라 보통 사람들 사이에서도 진행되고 있다.

과연 위기가 끝났는가? 위기는 일부 막 나간 은행가들 때문에 발생했는가? 세계경제의 근본은 과연 튼튼한가?

금융시장 규제가 강화되면 이 위기를 끝낼 수 있을까? 아니면 이번 위기 뒤에는 더 근본적인 무언가가 있는 것일까? 자유시장과 자본주의 자체의 실패 같은?

우리 지배자들은 우리가 이런 결론을 내리길 원하지 않을 것이다. 그러나 아래 글들이 보여 주듯이 그것이 우리가 내려야 할 결론이다.

Q. 금융 위기의 배경은 무엇인가?

현재 위기는 1년 전 미국에서 이른바 서브프라임 모기지 시장이 붕괴해 '신용 경색'이 발생하면서 시작됐다.

서브프라임 시장은 대부업체들이 모기지를 팔 새로운 대상을 필사적으로 찾아 나서면서 성장했다.

대부업체들은 신용 등급이나 소득이 낮은 사람들에게 고율의 이자로 돈을 빌려 줬다. 그렇게 돈을 빌린 사람들은 빚을 갚을 수 없는 형편이었다. 돈을 빌린 사람들이 빚을 갚을 수 없는 것이 명백해지자 서브프라임 시장이 흔들리기 시작했다.

그러나 이런 악성 부채는 단지 모기지를 발행한 대부업체들에게만 영향을 미치지 않았다. 모기지 부채를 거래하는 '제2시장'이 형성되면서 악성 부채는 금융 제도 전반으로 확산됐다.

모기지 부채는 채권으로 재포장돼 다양한 금융기관들 사이에서 사고팔렸다. 증권업자와 은행들은 이런 채권들의 가치를 놓고 투기를 벌였다.

지난해에 사람들이 모기지 부채를 갚지 못하고 파산하기 시작하자 이 채권들이 예상보다 훨씬 위험한 것이었음이 밝히 드러났다.

그러나 모기지 부채가 재포장되고 팔린 방식 때문에 악성 부채가 정확히 어디 있고 규모가 얼마나 되는지 확실히 알지 못했다.

은행들은 대출한 돈을 회수하지 못할까 두려워 은행 간 상호 대출을 중단했다. 은행들 사이의 활발한 신용 교환이 중단되면서 '신용 경색'이 발생했다.

은행들은 일상의 영업 활동에서 단기 대출의 형태로 서로 돈을 빌리고 빌려 준다. 그런데 은행 간 대출이 중단되면 문제가 생길 수밖에 없다.

따라서 투기 활동이 이번 위기에 연료를 제공했다고 할 수 있다. 투기 활동에 대한 자신감을 잃은 투자자와 중개인들은 돈을 다른 곳으로 옮겼고 다른 이들도 뒤를 따랐다.

Q. 경제 위기는 전적으로 투기꾼들의 책임인가?

구역질나게도 은행들이 무너지는 과정을 이용해 어떤 이들은 엄청난 이득을 챙겼다.

이것은 공매(空賣) 덕분이었다. 비밀 금융 집단인 헤지펀드를 위해 일하는 증권업자들은 주식들을 빌린 후 주가 하락을 기대하며 주식들을 일제히 판다. 나중에 낮은 가격으로 주식을 다시 사들일 수 있으면 주식을 상환하고 그 차액을 챙기는 것이다.

심지어 도박판과 다를 바 없는 주식시장에서도 이런 행위는 문제 있는 것으로 여겨진다. 그래서 정부는 특정 주식에 대한 공매를 일정 기간 동안 금지하는 조처를 취했다.

카를 마르크스가 지적했듯이 금융 제도는 "위기와 속임수를 전파하는 가장 효과적 수단이다."

예컨대, '내부자 거래'는 불법이다. 그러나 어떤 회사가 미래에 무언가 발표할 예정이고, 발표 내용이 좋은 것인지 나쁜 것인지 미리 알아 주식을 사고팔 타이밍을 미리 안다면 떼돈을 벌 수 있다.

미국 증권거래소에서 진행된 1백72건의 합병을 조사한 한 연구를 보면, 모든 경우에 내부자 거래가 발생했다.

그러나 이번 위기를 일부 못된 증권업자들의 탓으로 돌릴 수는 없다. 오히려 전체 금융 제도의 혼란스러운 성격을 봐야 한다.

최근 HBOS 은행[영국 최대 모기지 은행]은 공매가 아니라 대규모 부채 때문에 파산 위기에 처했다. HBOS가 파산 위기에 처한 날 거래된 주식 중 3퍼센트만이 공매 활동에 연루됐다.

Q. 금융시장이란 무엇인가?

간단히 말해, 금융시장이란 대규모 카지노와 같다. 그러나 이것은 자본주의가 작동하는 데 핵심 요소다.

자본주의는 자신의 이윤을 극대화하기 위해 경쟁하는 복수 기업에 바탕을 둔 체제다. 일반적으로 기업은 경쟁 기업보다 앞서 나가려고 이윤의 상당 부분을 시설 투자에 쓴다.

그러나 자본가들이 이윤을 곧바로 투자할 곳을 찾지 못하거나 투자하고 싶어도 충분한 자금이 없다면, 그들은 은행 시스템, 주식 거래, 또는 유사 금융기관을 통해 금융 투자를 위한 수단을 찾기도 한다.

금융시장은 자본가들이 또 [당장 투자할 생각은 없는] 다른 자본가들의 이윤을 끌어다 쓸 수 있는 기회를 제공하기도 한다. 예컨대 한 자본가가 나중에 투자할 생각으로 은행에 돈을 입금했다고 치자. 은행은 그 돈을 당장 투자하길 원하는 다른 자본가에게 빌려 줄 수 있다.

그러나 금융 시스템은 또한 불안정의 원천이기도 하다. 이윤율이 급격히 떨어지거나 시장에 대한 신뢰가 무너지면, 금융 시스템을 통해 공황 상태가 급속히 확산된다.

현대 자본주의에서 자산은 나름의 독자적 생명력을 가지기도 한다. 이 엄청난 카지노는 뉴욕 월스트리트, 런던 금융가를 만들어 냈고 이곳에서 부자들은 증권과 외국환 등 각종 투자처에 돈을 쏟아 붓는다.

신자유주의적 규제 완화는 시장이란 카지노에서 판을 벌릴 수 있는 각종 방식들을 만들어 왔다. 예컨대 선물 계약은 미래의 상품 가격을 두고 엄청난 투자를 할 수 있게 한다.

선물은 파생 금융 상품 중 가장 간단한 예인데, 이것의 가치는 다른 더 간단한 상품에서 '파생'된 것이다. 이런 파생 상품들은 투자자들이 증권과 채권을 사지 않고도 그 가격에 따라 복잡한 거래를 할 수 있게 한다. 모든 파생 상품의 이론상 가치는 2007년 말을 기준으로 5백96조 달러다.

금융시장의 확대는 금융 시스템의 국제화를 가져왔다. 따라서 금융 시스템이 갑자기 나쁜 상황에 빠지면, 완전한 혼돈으로 이어질 수 있다. 대표적 예가 지난해 모기지 대출 붕괴가 불러온 효과다.

대부업체들은 부채를 보유하고 이자만 챙기기보다 그것들을 묶어서 채권으로 만들어 팔았다. 이 채권의 가격을 놓고 또 다시 도박판이 벌어졌다. 다른 금융기관들은 이 채권들의 가상의 가치를 보증해 줬다. 이것이 CDS[신용디폴트스왑 — 부도에 대비한 보험]다.

최근 미국 4위 투자은행 리먼브러더스의 파산 때문에 보험사들은 채권을 가진 사람들에게 당장 수십억 달러를 지급해야 하는 상황에 놓였다.

그러나 이런 보험은 기관들 사이에서 사적으로만 거래됐기 때문에 누가 누구에게 얼만큼 빚을 졌는지, 또 그것을 갚을 수 있는지조차 알 수 없다.

Q. 중앙은행들이 시장을 구할 수 있을까?

미국 정부는 악성 부채를 처리하겠다고 약속했다. 이것은 미국의 재정적자 규모를 크게 늘릴 것이다.

그것은 미래에 시장이 다시 추락할 때 미국 정부가 비슷한 규모로 개입하는 것을 쉽지 않게 만들 것이다.

올해 초 대형 보험회사를 구하기 위한 미국 정부의 개입은 성공으로 평가됐다. 3월 베어스턴스 구제도 비슷한 평가를 받았고, 얼마 전 초대형 모기지 기업인 프레디맥과 패니메이를 사실상 국유화했을 때도 그랬다.

미국, 영국과 다른 주요 국가의 정부들은 은행들이 값싸게 돈을 빌릴 수 있도록 엄청난 공공자금을 금융체제에 퍼부었다.

그러나 이것이 낳을 효과에는 한계가 있다. 예컨대, 유통중인 부채의 규모는 전 세계 총생산보다도 크다.

정부들의 공적 자금 투입이 단기적으로 주가만 부양하는 것 외에 별다른 효과를 보지 못할 수도 있다. 그런 경우 주식시장에 공짜 돈을 퍼붓는 꼴이 될 것이고 만약 위기가 계속된다면 대부분 회수 불가능해질 것이다. 실제로 월스트리트 시장이 붕괴된 후 1930년대 미국 정부가 비슷한 시도를 했지만 불황이 멈추지 않았다.

엄청난 양의 미국 국채를 보유한 중국 정부는 지금 촉각을 곤두세우고 있을 것이다. 더구나, 심지어 미국 정부조차 돈을 무한정 쓸 수는 없다.

한편, 금융기관들은 돈을 대출하거나 투자하려 하지 않고 있다. 그들은 최대한 많은 현금을 보유하고 싶어 한다. 이것은 나머지 경제 활동을 위협하고 있다.

1990년대 일본 정부는 비슷한 상황에서 빠져나가려고 엄청난 돈을 쏟아 부었다. 그러나 결과적으로 막대한 부채 상환 부담을 졌고 10년 동안 경기 후퇴와 정체가 계속됐다.

공룡같은 미국 경제가 당장 붕괴를 모면하는 대신 완만한 장기적 위기를 겪지 않을까 걱정하는 목소리가 높다.

미국은 경제적으로 타격을 입었지만 여전히 세계 제1의 군사 대국이다. 이런 상황에서 군사력을 사용하고픈 유혹이 더 커질 수 있다.

Q. 왜 자본주의는 호황과 불황을 겪는가?

우리가 지금 목격하고 있는 것은 자본주의가 겪어 온 위기의 가장 최신 버전일 따름이다. 세계경제는 1973년, 1990~1993년, 1998년, 2001~2002년 등 지난 35년 동안에만 수차례 불황을 겪었다.

이윤율은 1973년 이전 수준을 회복하지 못했다. 매번 불황이 끝날 때마다 자유시장의 전도사들은 체제의 모든 문제가 해결됐다고 말했다. 그러나 그들은 다음번 불황이 찾아오면 금방 당황했다.

이런 호황과 불황의 순환은 자본주의의 경쟁적이고 무정부적인 성격 때문이다. 자본주의 경제는 중앙집중적 계획이 없기 때문에 회사들은 각자 시장에서 자기 몫을 조금이라도 늘리기 위해 상품을 더 많이 생산하려 한다.

그래서 필요보다 더 많은 상품이 생산되고, 팔리지 않은 상품이 쌓이면서 이윤이 타격을 입어 기업들은 궁지에 몰리고 여기서 벗어나기 위해 노동자들을 해고한다.

그러면 노동자들이 물건을 살 수 있는 돈이 줄어들고 경제 위기가 더 심화하면서 자본주의 체제는 불황에 빠진다.

일부 회사들이 도산하고 경쟁 회사들이 이들의 기술과 시장을 확보하면 체제가 되살아나기 시작한다.

이런 움직임 뒤에는 자본주의 체제의 근본적 문제인 이윤율 하락 경향이 있다.

카를 마르크스는 1백 년 전에 이 경향을 지적했다. 이것은 실제 이윤량이 주는 것을 의미하는 것이 아니다. 회사들은 여전히 많은 돈을 벌어들이고 이윤량을 늘릴 수 있다. 그러나 투자에 대한 수익은 시간이 지나면서 줄어드는 경향이 나타난다.

왜냐하면 진정한 가치는 노동자의 노동에서 나오기 때문이다.

노동자가 생산하는 가치는 그가 임금으로 받는 것보다 훨씬 더 크다.

그러므로 자본가는 노동자의 노동이 창조한 가치 중 일부를 강탈하는 것이다. 이런 잉여 가치가 이윤 창조의 기초가 된다.

그러나 자본가는 경쟁의 압력을 받기 때문에 노동에 대한 투자를 줄이고 대신에 새로운 기술에 투자하는 경향이 있다. 자본가는 새로운 기술과 기계 덕분에 더 적은 수의 노동자를 가지고 이전과 동일하거나 더 많은 양을 생산할 수 있게 된다. 동시에 자본가는 노동자가 더 적은 임금을 받고 더 많이 일하게 해 노동착취율을 높이려 한다.

단기적으로 새로운 기술에 투자한 기업들은 경쟁자들을 물리치고 더 많은 이윤을 얻을 수 있다. 그러나 일단 다른 회사들도 새로운 기술을 사용하기 시작하면 이런 이점은 사라진다. 자본가는 이제 이윤을 높일 또 다른 방식을 찾아야 한다.

이윤율 하락 경향 때문에 자본가는 돈을 벌 새로운 방식을 끊임없이 찾게 된다. 자본가는 새로운 시장을 개척하거나 투기 거품을 조장할 수 있다.

이 덕분에 경제가 잠시 호황을 누릴 수도 있지만 오직 근본적 문제가 불거지는 것을 잠시 막을 뿐이다.

Q. 위기가 경제의 다른 부문으로 확산될 것인가?

전체 경제는 금융시장의 변화에 영향을 받는다. '실물' 경제는 노동자와 자본가 사이의 분열에 기초해 있다. 자본가는 노동자를 고용하고, 보통 노동자가 창조하는 가치보다 훨씬 적은 임금을 준다.

카를 마르크스는 오늘날의 금융시장을 의제[가공] 자본이라고 불렀다. 금융시장의 활동은 새로운 부를 창조하거나 생산을 늘리지 않는다. 금융시장에서는 노동자가 창조한 이윤을 놓고 도박이 벌어질 뿐이다. 따라서 금융시장은 실물 경제의 건강에 의존한다.

주가의 가치가 아무리 부풀려지더라도, 궁극적으로는 그 회사가 지불할 수 있는 배당금의 가치 — 이것은 창출된 이윤에 기초한다 — 에 연동될 수밖에 없다. 만약 이윤이 떨어지면 그 회사는 배당금을 지불할 수 없게 되고 주가도 떨어진다.

물론 한동안 시장은 실제 이윤율이 보장하는 가치보다 훨씬 높은 수준으로 높아질 수 있다. 이것은 투기적 거품이며 언젠가는 꺼질 수밖에 없다.

이것은 현실에 큰 변화를 가져온다. 예컨대, 연금기금은 헤지펀드의 주요 고객 중 하나다. 헤지펀드는 보통 사람들의 연금을 가지고 도박을 벌인다.

금융 부문에서 위기가 심화하면 실질 경제에 영향을 미친다. 신용이 고갈되면 은행가들만이 아니라 실제 기업들도 파산한다. 단지 은행가들만 일자리를 잃는 것이 아니다.

Q. 위기가 보통 사람들에게 어떤 영향을 미칠까?

일부는 1930년대식 대공황이 반복될 거라고 예측한다. 당시와 오늘날 상황에는 공통점 ― 위기 발생에서 투기와 신용이 한 구실이 특히 그렇다 ― 이 있다.

그러나 사실 1930년대식 대공황이 발생할지 그보다는 완만한 장기 불황이 될지 아무도 알지 못한다.

한 가지는 확실하다. 지배자들은 노동계급이 경제 위기의 대가를 치르도록 노력할 것이다. 1930년대에도 그랬다. 대량해고로 실업이 늘어나기 시작했고 앞으로 더 많은 일자리가 사라질 것이다.

금융 부문이 위기에 빠지면서 은행은 개인과 기업에게 신용을 빌려 주기를 꺼리고 있다. 이것은 몇 가지 결과를 가져올 것이다.

최근 세계경제는 값싼 신용 덕분에 성장해 왔다. 임금 인상은 억제됐지만 이런 신용 덕분에 사람들은 소비재를 구입할 수 있었다.

그러나 이제 신용을 얻기가 힘들어지고 생계비도 오르고 임금 인상이 억제되고 실업 위험이 확산되면서 사람들은 주머니를 꼭꼭 닫을 것이다. 이것은 가뜩이나 힘든 경제 문제를 더 악화시킬 것이다.

각국 정부들은 금융시장에 돈을 퍼부어 자본주의의 톱니바퀴가 좀 더 원활하게 돌아가게 하려 한다. 그들은 또한 경제에 심각한 파급력을 미칠 위험이 있다고 판단하면 파산 위기에 빠진 기업들을 구제할 것이다. 이것은 정부들의 재정적자를 늘릴 것이다.

동시에 실업의 증가로 세수는 줄어들 것이다. 주류 정당들은 재정 적자 문제를 해결하려 정부 지출을 줄이려 할 것이고, 공공서비스와 연금 지급이 영향을 받을 것이다.

Q. 보통 사람들은 어떻게 싸워야 하나?

불황이 우리에게 어떤 영향을 미칠 것인가에서 매우 중요한 요소 는 노동자들의 투쟁이다.

지금 위기는 전 세계적 위기다. 그러나 정부들은 보통 사람들의 고 통을 경감시킬 조처들을 도입할 수 있고 우리는 그것을 반드시 요구 해야 한다.

노동자들이 고통받더라도 많은 다국적 기업들은 여전히 엄청난 돈 을 벌어들일 것이다. 에너지 기업들이 막대한 수익을 올리고 에너지 가격을 또 올리는 것을 가만히 두고 볼 수는 없다.

정부는 이런 이윤에 특별세를 부과할 수 있다. 그리고 그렇게 거둔 돈을 물가인상으로 고통받는 저임금 노동자들에게 보조금으로 사 용해야 한다.

여기서 한 발 더 나아가 정부는 에너지 가격 상승에 제한을 둬야 한다. 에너지 회사들을 국유화할 수도 있다. 기업에 세금을 더 부과 하는 방식으로 추가 국가재정을 확보해 불황이 미칠 악영향을 경감 시키는 데 사용할 수도 있다.

부자와 기업들의 이윤에 세금을 매기면 많은 돈을 거둘 수 있고, 그것을 공공주택 건설이나 공공서비스 확충에 사용할 수 있다.

또, 정부는 그 돈을 실업 수당이나 연금 지급을 늘리는 데 사용할 수도 있을 것이다.

우리는 정부가 공공부문 임금 인상을 억제하려는 데 반대해야 한다. 그것은 물가 인상으로 많은 노동자들의 임금이 삭감되는 효과를 낳을 뿐이다.

1930년대처럼 온갖 공격에 맞서 기층 저항을 조직해야 한다.

즉, 주택 압류에 맞서 집단적으로 싸우고, 일자리를 지키기 위해 작업장 폐쇄에 맞서 작업장을 점거하고, 물가상승률에 미치지 못하는 임금협상 결과에 도전해야 한다.

불황은 자본주의의 불안정과 광기가 뚜렷이 드러나는 순간이다. 전 세계에서 많은 사람들이 자본주의 체제의 근본에 의문을 던지고 있다.

이런 상황에서 지배자들은 위기의 책임을 엉뚱한 곳에 넘기려 할 것이다. 그들은 이주노동자와 실업자 들을 속죄양으로 삼으려 한다.

자본가와 국가 들 사이의 경쟁이 치열해짐에 따라 전쟁이 일어날 가능성도 높아진다. 그렇기 때문에 평범한 보통 사람들은 단결해서 불황이 가져올 재앙과 사회를 우경화하려는 시도에 맞서 싸워야 한다.

Q. 개혁만으로 충분한가?

경제 위기는 자본주의 본래적 특성이다. 불황을 없앨 수 있는 유일한 방법은 이 무정부적 체제를 노동자 통제에 기초한 민주적 계획 경제로 바꾸는 것이다. 즉, 사회주의인 것이다.

그러나 이것은 어느 날 하늘에서 떨어지지 않을 것이다. 평범한 보통 사람들이 스스로 이것을 건설해야 한다.

경제 위기 같은 끔찍한 시기에 많은 사람은 자본주의 체제가 자신을 위한 체제가 아님을 느끼게 된다.

그러나 우리가 자라나고 살고 있는 세상의 지배적 사상은 자본주의가 사회를 조직할 유일한 방식이라고 가르치고 있다.

동시에 자본주의 체제는 사람들이 반격하도록 만든다. 그리고 노동계급은 그 과정에서 자신감을 얻는다. 노동자들은 과거에 불가능할 거라 여겼던 일들 — 파업을 조직하고, 대중 토론회에서 발언하고, 혹은 저항을 조직하기 위해 다른 사람을 설득하는 것 등 — 을 자신이 하고 있음을 돌연 깨닫는다.

개혁을 위한 투쟁과 자본주의 체제의 잘못된 우선순위에 도전하는 과정에서 지배 이데올로기의 철옹성을 깨부술 수 있다.

혁명가들은 두 가지 이유에서 개혁을 위해 싸운다. 먼저 혁명가들은 진정으로 개혁을 바란다. 우리는 진정으로 공공서비스의 사유화를 막고 싶고, 인종차별주의에 도전하고 노동자들의 권리를 확대하고 싶다. 이들이 보통 사람들의 삶의 질에 영향을 미치기 때문이다.

그러나 동시에 개혁을 위한 싸움은 사람들이 투쟁에 나서도록 고무하며 그들의 자신감을 높이고 자본주의 체제에 의문을 던질 기회를 제공한다.

자본주의가 보통 사람들의 필요를 충족시킬 수 없기 때문에 많은 사람이 급진화하고 세상을 근본적으로 변화시킬 필요를 이해하게 된다.

자본주의는 왜 고장났고, 대안은 무엇인가?

오늘날 우리가 목격하고 있는 것은 1930년대 이래 가장 심각한 세계경제 위기입니다. 한국에서도 10여 년 전에 매우 심각한 경제 위기가 찾아와 사람들을 충격에 빠뜨렸습니다. 그 때 한국 사람들은 수많은 사람들이 갑자기 실직하고 가난에 빠지는 것을 보면서 처음으로 자본주의 경제 위기가 어떤 것인지 실감했을 것입니다. 하지만 그것조차 전 세계 3분의 1 지역에만 영향을 준 위기였습니다. 오늘날 위기는 지구상의 모든 나라를 강타하고 있습니다. 미국에서는 매월 노동자 50만 명이 일자리를 잃습니다. 중국에서는 지난 1월에 농민공 2천만 명이 일자리를 잃고 농촌으로 돌아가야 했습니다. 일본은 엄청난 위기에 빠져 있습니다. 위기의 규모가 워낙 커서 각국 정부는

크리스 하먼. 〈레프트21〉 12호, 2009년 8월 13일. https://wspaper.org/article/6868. 이 글은 영국 사회주의노동자당(SWP) 중앙위원 크리스 하먼이 7월 24일 다함께가 주최한 진보포럼 '맑시즘2009'에서 연설한 것을 옮긴 것이다.

은행들을 구제하기 위해 수조 달러를 쏟아부어야 했습니다.

이번 위기는 경제 위기일 뿐 아니라 이데올로기 위기이기도 합니다. 지난 30년 동안 자본가들이 체제를 정당화하려고 동원한 사상들이 더는 현실에 들어맞지 않기 때문입니다. 30년 동안 그들은, 누구도 국가에 경제적 도움을 기대해서는 안 된다고 말해 왔습니다. 그래놓고 이제 와서는 은행들을 보호하려고 수조 달러를 퍼주는 것입니다.

이번 위기는 정치 위기이기도 합니다. 어느 나라 정부도 위기에 대처할 명확한 방안이 없습니다. 대처 방식을 두고 지배계급 내에 분열이 일어나고 있고 사람들은 더는 정부를 신뢰하지 않습니다. 지금 이 순간에 지배자들은 위기가 끝나 간다는 분위기를 조장하려 합니다. 제가 묵고 있는 호텔에서는 TV로 CNN을 시청할 수 있는데, CNN에서 요즘 방영하는 경제 프로 제목이 〈경기 회복으로 가는 길〉입니다. 오늘 아침 프로에서는 남한의 경제 여건이 좋아지기 시작했다는 보도가 나왔습니다. 그러나 좀 더 수준 있는 경제 전문가들은 위기에서 어떻게 탈출할지, 탈출한다면 언제쯤 할 수 있을지 모르겠다고 솔직히 인정합니다. 그들은 은행에 쏟아부은 수조 달러가 은행 시스템을 정상화하기에 충분한 돈인지도 잘 모릅니다. 하지만 이들은 그 많은 돈을 결국은 어딘가에서 회수해야 하며, 다른 대안이 없는 한 평범한 노동자들을 더욱 쥐어짜서 회수할 수밖에 없다는 것을 잘 알고 있습니다.

저는 한국 전문가가 아니기에 이 점이 한국에 시사하는 바가 구체적으로 무엇인지는 모르겠습니다. 그러나 어쨌든 영국, 독일, 프랑스, 그리고 더 장기적으로 미국에서는 교육·복지·보건 예산으로 들어갈 돈이 은행들의 빚을 갚는 데 쓰일 것임을 뜻합니다. 한국도 별반 다르지 않을 것 같습니다. 요컨대 저들은 지금 당장 우리에게 실업과 해고의 고통을 안겨 줄 뿐 아니라 향후 5~10년 동안 복지 지출을 삭감하고 공공부문 노동자들을 공격하려 들 것입니다.

위기의 원인

이 같은 공격에 맞서 싸우려면 위기의 원인을 제대로 이해해야 합니다. 위기의 직접적 원인은 다들 알다시피 전 세계 금융 시스템의 문제에 있었습니다. 지난 5~10년 동안 세계 곳곳의 은행들은 미국의 가장 가난한 계층 사람들에게 돈을 빌려줌으로써 종전보다 큰 이윤을 벌어들일 수 있다고 믿게 됐습니다. 그래서 미국의 모기지 대출회사들은 살 집이 절실히 필요한 가난한 사람들에게 돈을 빌려주기 시작했습니다. 첫 2~3년 동안은 대출을 유도하려고 낮은 금리를 적용하다가 그 다음부터는 이익을 내려고 금리를 왕창 올리는 수법을 사용했습니다.

모기지 대출회사들은 가난한 사람들이 이자를 내고 은행들에게 엄청난 수익을 가져다주기를 기대했습니다. 그래서 모기지 대출회사들은 다른 은행과 금융기관에서 돈을 빌려 [가난한 사람들에게] 대출해 줬습니다. 모기지 회사들은 설사 일부 가난한 사람들이 이자를 갚지 못하더라도 은행이 그들의 집을 압류해 되팔면 이윤을 남길 수 있을 테니 아무 문제 없다고 계산했습니다.

이 방법이 한동안 통하는 듯 보였습니다. 그러나 갑자기 많은 사람이 이자를 갚을 수 없는 상황이 닥쳤습니다. 갑자기 은행들도 기대한 가격에 되팔 수 없는 집들을 잔뜩 보유하게 됐습니다. 상황이 이렇게 되자 은행 시스템 전체가 위기에 빠져들었습니다. 자본주의가 작동하려면 은행의 대출이 원활히 이루어져야 하기 때문에 은행 시스템이 위기에 빠지자, 자본주의 체제 전체의 작동이 갑자기 중단됐습니다. 일부 경제학자들은 은행 위기를 자본주의 체제의 심장마비로 비유했습니다. 그러므로, 이번 경제 위기의 단기적 원인은 은행들의 탐욕에 있었던 것입니다.

그러나 가난한 사람을 쥐어짜 이윤을 취하는 데서 은행만이 아니라 다른 자본가들도 한몫했습니다. 미국에서는 이런 금융화 과정에 거대 제조업 자본들도 참여했습니다. 제너럴모터스, 포드, 제너럴일렉트릭 등이 이윤을 벌려고 높은 이자율로 돈을 대출했습니다. 따라서 단지 금융계나 금융자본이 이번 경제 위기를 불러온 것은 아닙니다. 그것은 자본주의 작동 방식 자체 때문이었습니다. 이 점이 중요합니다. 왜냐하면 자본주의 체제를 옹호하는 많은 이들이 이번 경제 위기를 은행가들의 실수가 빚은 우연한 사건으로 규정하고 싶어 하기 때문입니다. 은행에 대한 규제가 좀 더 강했더라면 위기도 없었을 거란 얘기죠.

그러나 이번 위기가 발생한 과정을 자세히 들여다 봅시다. 사실, 자본주의에서 위기는 반복적으로 발생했습니다. 1820년 이래 거의 10년마다 위기가 발생했습니다. 그리고 매번 위기의 원인은 이전 위기와 달랐습니다. [그러나] 더 깊숙이 들여다 보면, 위기가 자본주의 체제 자체의 성격 때문에 발생한 것임을 알 수 있습니다.

자본주의는 경쟁하는 자본가들이 자신이 이윤을 남길 수 있다고 판단할 때만 재화를 생산하는 체제입니다. 이윤을 남길 수 있다는 확신이 생기면 모든 자본가들이 원재료를 사고 노동자를 고용하고 돈을 빌리고 생산을 늘리느라 야단법석을 떱니다. 자본주의 체제 전체에는 계획이 존재하지 않기 때문에 생산활동의 규모를 제한하는 움직임이 없습니다. 그래서 돈을 빌리려는 자본가들의 경쟁은 이자율을 높이고, 원재료를 둘러싼 경쟁은 원재료 가격을 높이고, 노동자들을 고용하려는 경쟁으로 임금도 어느 정도 올라갑니다. 결국 일부 자본가들은 생산을 해도 이윤이 별로 남지 않는 상황에 직면하게 됩니다. 그러면 그들은 재화 생산을 중단하고, 노동자들을 해고하고, 공장을 폐쇄합니다. 이 덕분에 다른 자본가들도 생산한 재화를 판매할 곳을 잃게 됩니다. 이런 식으로 자본주의 호황이 불황으로 전환됩니다.

마르크스의 위기 설명

마르크스는 1867년에 쓴 《자본론》에서 이 과정을 생생히 묘사했습니다. 마르크스가 1백50년 전에 쓴 자본주의 위기에 대한 설명을 읽으면, 마치 오늘날 일어나는 사건에 대한 설명인 듯 너무나 잘 들어맞는 것을 발견할 것입니다. 마르크스는 자본주의에서 호황이 찾아오고, 호황은 불황으로 연결되며, 불황이 오면 어느 순간부터 임금이 하락하고 자본가들도 원재료를 더 싸게 살 수 있게 되기 때문에 자본가들이 투자를 재개하고 다시 호황이 찾아온다고 설명했습니다. 이런 호황-불황 사이클은 사회 전체에 영향을 미칩니다. 호황이 발생하면 많은 이들이 일자리를 얻으려고 먼거리를, 심지어는 수천 킬로미터를 이동합니다. 그들은 한동안 자신의 생활이 안정됐다고 믿을 것입니다. 그러나 일단 불황이 찾아오면, 그들의 삶은 파괴됩니다.

그러나 마르크스는 다른 측면도 말했습니다. 마르크스는 이런 [경제의] 상승-하강 과정이 발생할 뿐 아니라 장기적으로 다른 변화도 일어난다고 지적했습니다. 그리고 이런 변화 때문에 자본주의 위기가 갈수록 더 심각해진다고 말했습니다.

마르크스의 가장 핵심적 주장 중 하나는, 모든 생산물은 인간 노동을 자연에 적용한 결과라는 것입니다. 마르크스는 노동이 가치를 생산한다고 말했습니다. 노동 외에 다른 것이 가치를 생산할 수 없다고 말했습니다. 그러고 나서 마르크스는 이윤이 어디서 창출되는지 찾아 나선다면 결국 고용된 노동자들에서 나옴을 알게 될 것이라고 말했습니다. 마르크스는 흡혈귀가 인간 피에 의존해 살듯이 자본이 노동에 의존한다고 말했습니다. 마르크스는 자본가를 흡혈귀에 비유하는 것을 좋아했습니다.

그러나 꼬마 흡혈귀는 인간의 피를 많이 필요로 하지 않듯이, 자본주의가 작은 기계와 작은 공장으로 구성됐을 때는 소수의 노동자만으로 큰 이윤을 뽑아낼 수 있습니다. 그러나 시간이 지날수록, 투자의 규모가 커지고, 자본가들도 갈수록 많은 자금을 기계와 공장을 확보하는 데 사용해야 합니다. 그런 대규모 투자에서 기대한 이윤을 얻으려면 자본가들은 노동자들을 더 쥐어짜야 합니다. 흡혈귀의 몸집이 커질수록 더 많은 피가 필요하게 되는 것이죠. 마르크스는 이것을 '이윤율 하락 경향'이라고 말했습니다. 이것은 마르크스주의 경제학에서 가장 이해하기 어려운 개념 중 하나입니다. 나는 처음이 말을 들었을 때 한참 머리를 긁적이며 골똘히 생각해야 했습니다. 그러나 간단히 말해서, '이윤율 하락 경향'은 자본주의가 발달할수록 투자한 자본에 비해 충분한 이윤을 얻기 힘들어지는 경향을 가리키는 말입니다. 즉, 자본주의에는 단기적인 경기 상승과 하락 외에, 시간이 갈수록 위기가 심각해지는 경향이 존재한다는 것입니다.

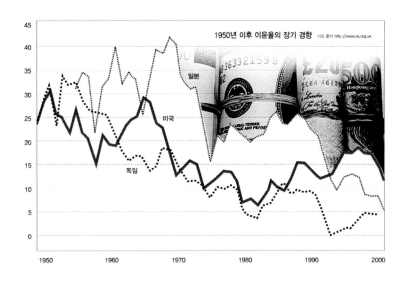

1950년부터 2000년까지 이윤율 그래프. 장기적으로 이윤율이 떨어지는 경향을 선명히 보여주고 있다.

만약 그 경향이 사실이라면 자본주의가 유지되는 이유는 무엇인가? 마르크스는 자본주의가 두 가지 방식으로 이 문제를 해결한다고 말했습니다. 첫째는 노동자들을 쥐어짜 더 많은 가치를 얻는 것입니다. 그래서 자본주의는 그토록 빨리 성장하면서도 노동자들의 생활수준을 계속 압박하는 것입니다. 둘째는 단기적 위기로 일부 자본가들이 망하고, 다른 자본가가 망한 자본가의 기계와 원료를 값싸게 사들이는 것입니다. 다시 말해서, 일부 자본가들이 다른 자본가들을 먹어 치워 장기적 이윤율 하락의 압박에서 벗어나는 것입니다. 일부 흡혈귀들이 다른 흡혈귀의 피를 빨아먹는다고 말할 수도 있겠습니다. 그래서 11년 전에 아시아 경제 위기가 발생했을 때 제너럴모터스나 포드 같은 미국 자동차 기업들이 헐값에 한국 자동차 회사들을 사들일 수 있었던 것입니다.

현 위기의 기원을 보면, 마르크스주의 분석이 잘 들어맞습니다. 자본주의는 1970년대 중반 이래 국제적인 이윤율 위기를 겪고 있습니다. 그래서 1974~1975년, 1980년, 1990년, 1997년, 2000년과 지금까지 위기가 반복되는 것입니다. 자본주의는 위기를 극복하려고 먼저 노동자들을 쥐어짜는 고전적 수단을 사용했습니다. 일부 사람이 '신자유주의'라고 부르는 것은 사실 노동자들에게서 더 많은 이윤을 짜내려고 온갖 방법을 동원하는 자본주의를 말하는 것입니다. 둘째 수단은 일부 기업들을 도산시키는 것이었습니다. 그러나 오늘날 자본주의의 문제는, 많은 자본가의 몸집이 너무 커서 만약 이들이 도산한다면 다른 자본가들도 큰 타격을 입을 것이란 점입니다. 즉, 자본주의의 고전적 위기 타계책 중 하나는 더는 과거처럼 효과를 발휘할 수 없게 됐습니다.

누가 위기의 대가를 치를 것인가

따라서 만약 한 가지 수단이 없었더라면 자본주의는 1970년대 중반 이래 지속적 위기를 겪었을 것입니다. 이것은 돈을 생산에 투자하기보다 대중에게 빌려주는 것이었습니다. 자본가들은 여기서 더 많은 이윤을 얻을 수 있다고 기대했습니다. 그래서 이런저런 거품이 발생했고, 자본주의는 지난 30년 동안 이에 의존해서 위기를 피할 수 있었습니다. 그리고 내가 좀전에 묘사했던 지난 5년간의 주택 거품은 그중 가장 최근의 것입니다.

이것은 매우 이상한 상황을 낳았습니다. 한편으로 자본주의가 이윤을 회복하려고 노동자들(특히 미국 노동자들)의 임금 인상을 억눌렀습니다. 그러자 은행들이 나서서 "고율의 이자만 낼 수 있다면 돈을 빌려주겠다" 하고 유혹했습니다.

이것은 두 가지 효과를 낳았습니다. 첫째, 눈 깜짝할 사이에 이윤을 창출할 수 있다는 환상이 광범하게 퍼졌습니다. 그래서 2005년이나 2006년에 금융 전문가들은 자본주의가 잘 돌아가고 있고 영원히 그럴 거라고 말했습니다. 둘째, 미국인들은 돈을 빌렸고, 그 덕분에 다른 나라 자본가들은 하마터면 못 팔았을 물건을 미국인들에게 팔 수 있었습니다. 중국 경제는 미국에 물건을 팔아 빨리 성장할 수 있었고, 일본과 동아시아 국가들은 중국에 중간재를 팔아 성장했고, 라틴아메리카와 아프리카의 일부 국가도 중국에 원재료를 팔아 높은 성장률을 기록했습니다. 그래서 미국의 대출이 세계경제의 원동력이 되는 황당한 상황이 벌어졌습니다. 중국 자본가의 이윤 — 그리고 일본과 동아시아 국가 자본가들의 이윤 중 일부 — 이 미국 은행으로 흘러 들어가 미국 주택 시장에 대출됐습니다. 그리고 이것은 전 세계적으로 자본주의 체제가 잘 돌아가고 있다는 환상을 불러왔습니다.

그러나 결국 체제의 작동은 미국의 가난한 사람들이 이윤을 제공하는 것에 달려 있었던 것입니다. 이 과정은 2007년 8월 갑작스레 중단됩니다. 그 뒤로 12개월 동안 전 세계 은행 시스템은 위기에 빠집니다. 그리고 지난해 9월 미국 최대 은행 중 하나인 리먼브러더스가 파산하고 거의 모든 선진국 은행이 파산합니다. 그리고 위기가 다른 나라로 확산되면서 대단히 심각한 경제 위기가 발생합니다.

사실, 이번 위기는 자본주의 체제의 이중의 위기입니다. 금융 호황과 미친 대출 붐이 없었더라면 세계경제는 이만한 성장률을 기록할 수 없었을 것입니다. 그러나 그 호황이 지금 끝났습니다. 그뿐 아니라 은행 시스템 붕괴에 따른 위기를 겪으면서 산업들도 더는 물건을 팔지 못하게 됐습니다. 체제 전체가 엄청난 공포감에 빠져 있습니다. 지난해 9월과 10월, 각 정부는 어마어마한 돈을 은행 시스템에 들이부었습니다. 그들은 은행 시스템 붕괴를 막을 수 있을 거란 희망에 의지했습니다. 그러나 그들은 확신이 없습니다. 진지한 분석가들의 글을 읽으면, 어떤 이는 은행 위기가 끝났다고 말하고, 다른 이는 반년이나 1년 뒤 다시 찾아올 거라 예측합니다.

그러나 문제는 이뿐이 아닙니다. 정부들은 은행 시스템을 구하려고 엄청난 돈을 썼고, 어디선가 그 돈을 회수해야 합니다. 미국과 영국 정부는 세금 수입보다 10퍼센트 더 많은 돈을 지출했습니다. 그리고 대중이 그 대가를 지불하게 해야 한다는 일부 자본가들의 주장이 갈수록 영향력을 키우고 있습니다. 영국의 언론들은 공공부문 노동자들이 정부 부채를 갚기 위해 희생해야 한다고 주장합니다. 한편, 민간 기업들은 과거에 노동자들에게 약속한 연금을 더는 지불할 수 없다고 주장합니다. 다른 노동자들은 경제 위기 해결을 위해 임금 동결이나 삭감을 받아들여야 한다는 주장을 듣고 있습니다.

이 주장들을 종합해 보면, 결국 은행가와 기업가가 위기를 일으켰지만 우리한테 대가를 치르라는 것입니다. 우리는 이렇게 답해야 합니다. "경제 위기는 자본주의가 다른 사람들이 생산한 부를 가지고 도박판을 벌였기 때문에 발생했다." 자본가들의 압력으로 미국 노동자들의 임금이 하락했고, 노동자들은 돈을 빌려야 했습니다. 자본가들은 노동자들에게서 받은 돈으로 도박을 벌였습니다. 지금 이 과정 전체가 붕괴했습니다.

자본가들은 "우리가 만든 실수를 너희가 책임져라" 하고 말하고 있습니다. 우리는 이렇게 답해야 합니다. "우리가 위기를 불러오지 않았다. 우리가 이윤이 아니라 인간의 필요를 위해 생산하는 이성적 체제에 살고 있다면 이런 위기는 발생하지 않았을 것이다. 만약 자본가들이 우리에게 대가를 떠넘기려 한다면 우리는 모든 수단을 동원해 싸울 것이다."

"부가 부족하기 때문에 위기를 해결하려면 공장을 폐쇄하는 등 더 적게 생산해야 한다"는 자본가들의 주장만큼 황당한 것은 없습니다. 그렇기 때문에 공장 폐쇄에 맞서 공장을 점거하고 싸우는 남한·영국·미국 노동자들의 투쟁은 너무나 정당합니다. 이 자체로 위기가 해결되지는 않을 것입니다. 그러나 이런 투쟁은 자본가들에게 위기의 책임이 있음을 명백히 보여 줄 수 있습니다. 우리가 자본주의를 무너뜨려야 경제 위기를 없앨 수 있습니다.

정리 발언

어떤 분은 [6월] 유럽 의회 선거에서 우익이 승리한 것을 어떻게 봐야 하냐고 질문했습니다. 우익이 승리했다는 것은 부분적으로만 진실입니다. 중도좌파가 집권중이거나 최근에 집권했던 나라에서 사람들은 중도좌파에 실망해 그들에게 표를 던지지 않았습니다. 한국에서도 중도좌파 정부에 실망한 사람들이 나중에 그 정부에 표를 주지 않았습니다.

중도좌파의 문제는 그들이 자본주의라는 호랑이를 길들일 수 있는 고양이처럼 본다는 것입니다. 중도좌파는 나중에 이 호랑이를 길들일 수 없다는 점을 발견하고는 호랑이에게 속죄양을 던집니다. 그러니 중도좌파를 당선시켜 준 사람들이 실망할 수밖에 없는 것이죠.

영국에서도 비슷한 경험을 했습니다. 사람들은 노동당에 크게 실망했습니다. 사민당(SPD)이 우익 정당과 연정을 꾸린 독일에서도 그랬습니다. 이탈리아에서 집권한 프로디 중도좌파 정부도 지난 30년

이탈리아 역사에서 최악의 정부였습니다. 동시에, 그렇다고 사람들이 대거 중도우파를 찍은 것도 아니었습니다. 중도좌파보다 중도우파를 찍은 사람이 더 많은 것은 사실이지만 중도우파에 대한 대중적 열광은 존재하지 않습니다. 많은 유럽 국가에서 문제는 명확한 사회주의적 대안이 존재하지 않는다는 것입니다.

이제 가장 중요한 질문에 답을 하겠습니다. 대안은 무엇일까요? 대안은 아주 간단합니다. 어떤 분은 노동계급이 전 세계 인구의 과반이라고 말했습니다. 노동계급에는 다양한 기술과 능력을 가진 사람들이 섞여 있습니다. 육체노동을 하는 사람, 의사, 교사, 컴퓨터 프로그래머 등등. 자본주의에서 부를 생산하는 데 필요한 일을 하는 거의 모든 사람들이 포함됩니다.

반면에 자본주의에서 부를 통제하는 사람은 소수입니다. 그들은 이 부를 스스로 창조한 것이 아닙니다. 보통 물려받았거나 사기를 쳤기 때문입니다. 그들은 자기만의 부를 소유하고 더 많이 차지하려고 서로 경쟁합니다. 바로 이 소수가, 전 세계인 대다수가 생계를 위해 의지하는 수단을 소유하고 있습니다. 그러나 실제로 부를 생산하는 것은 그 소수가 아닙니다. 현대자동차 회장은 자동차 만드는 법을 알지 못합니다. 사실 그는 자동차 퓨즈를 갈아 끼우는 법도 모를 가능성이 높습니다. 산요 회장도 전자레인지를 어떻게 만드는지 알지 못합니다. 그들은 이 물건을 만들 사람들을 고용합니다. 그들은 다른 사람들이 자신을 위해 그런 일을 하게 만들 힘을 가졌습니다.

그런데, 왜 우리는 실제로 물건을 생산하는 사람들이 무엇을 어떻게 생산할지 결정하는 체제를 가지면 안됩니까? 이론상으로 남한 노동자 — 교사, 의사, 자동차 노동자, 환경미화원, 간호사 등 — 가 노동자 대표자 회의에 보낼 노동자를 선출하고, 이들이 한국 경제가 무엇을 생산하고 누가 거기서 혜택을 누릴지 결정 못할 이유가 없습니다. 전문가들이, 이윤만 추구하는 소수가 아니라 다수를 위해 일하지 못할 이유도 없습니다.

이것을 못하게 가로막는 것은 인간 본성이 아니라 현재 부를 보유한 사람들이 권력을 가졌고, 다른 사람들이 결정하지 못하도록 방해하는 데 그 권력을 사용하기 때문입니다. 해고에 반대하는 자동차 노동자들처럼 누군가 그 소수의 뜻을 거스르려 하면, 그들은 경찰을 보내 그 도전을 억누르려 합니다. 그러므로 위기가 반복되는 이 체제를 제거하고 싶다면 사회가 운영되는 방식을 철저히 변혁해야 합니다.

어떤 분은 "사회를 바꾸는 것은 위험이 큰 일인데 과연 우리가 목숨의 위험을 무릅쓰고 그 일을 해야 할까" 하고 물었습니다. 나는 체제를 뒤집는 것이 위험할 수 있지만, 체제를 조금씩 변화시키려는 것도 매우 위험하다고 말하고 싶습니다. 만약 당신이 대학에서 작은 변화를 일으키려 한다면 당신이 다른 학생의 지지를 받지 않는 이상 학교는 당신을 내쫓을 것입니다. 혹은 당신이 자동차 노동자들의 해고를 막는 작은 변화를 추구하더라도 저들은 당신이 체제 전반에 영향을 미칠까 봐 동원할 수 있는 모든 경찰 병력을 동원해 당신을 막을 것입니다. 그러므로 당신이 작은 변화를 원하더라도 당신을 지지하고 집단적 힘을 사용할 준비가 돼 있는 대단히 많은 사람의 지지가 있어야 그것을 성취할 가능성이 높아질 것입니다.

사실, 지배계급은 대단히 강력하지만, 만약 대다수 사람들이 조직되고 전투적으로 싸우려 한다면 지배계급의 힘은 갑자기 별 볼 일 없어 보이게 됩니다. 그래서 진정으로 대중적인 노동자 투쟁이 발생하면 폭력이 별로 발생하지 않습니다. 투쟁하는 사람들이 단결해 있지 않고 분열해 있을 때, 방향이 명확하지 않고 충분히 단호하지 않을 때, 그리고 우리가 지배자에게 양보하면 저들도 우리에게 잘해 주지 않을까 하는 환상이 있을 때 저들은 폭력으로 대응합니다. 여러분이 더 잘 아실 겁니다. 한국 역사에서도 1980년 항쟁이 발생했을 때 한 지역[광주]에서만 일어섰습니다. 그러자 끔찍한 폭력이 발생했습니다. 그러나 1987년에 전체가 일어섰을 때는 거의 폭력이 없었습니다.

그러므로 사회주의 혁명을 보면, 먼저 사람들을 조직하고 준비하는 오랜 과정이 필요합니다. 이 과정을 통해서 사람들 사이에 연대를 형성합니다. 그래서 한 집단이 투쟁을 시작하면 다른 집단이 연대를 보낼 수 있는 조건이 만들어지는 것이고 지배계급과 그들의 지지자들을 고립시킬 수 있는 것입니다. 그러면 저들은 감히 대량 폭력 사태를 일으킬 엄두를 내지 못할 것입니다. 어쨌든 그럼에도 지배자들 중 소수는 끝까지 사회주의 혁명에 저항하려 할 것입니다.

그들은 군대와 군대의 소수 엘리트 분파를 이용해 권력을 유지하려 시도할 것입니다. 이에 맞서려면 조직된 노동계급이 그들을 무장 해제하고 무력화하기 위해 약간의 폭력을 사용해야 할 것입니다. 그러나 이것은 혁명이 무차별 폭력을 수반한다는 상투적 주장과는 매우 다른 것입니다. 지배자들은 잔혹합니다. 여러분이 지배자들과 싸워 세상을 정말 살 만한 곳으로 바꾸려 한다면, 지배자들은 여러분을 공격할 것입니다. 그에 대한 유일한 해답은 대중의 지지와 연대를 조직하는 것밖에 없습니다. 그래서 나는 어떤 집단의 사회 변혁 투쟁에 연대를 조직하는 것을 자신의 목표로 삼는 혁명가들의 조직을 건설하는 것이 중요하다고 생각합니다.

어떤 분은 경제의 거품과 군비에 관해 질문하셨습니다. 이에 대해서는 발표 때 시간이 부족해서 좀 단순화해서 말했습니다. 나는 지난해 10월에 쓴 팸플릿에서 이 문제를 자세히 썼습니다. 내 논문들을 한국어로 편역한 책[《21세기 대공황과 마르크스주의》, 책갈피]에 그 팸플릿도 수록된 걸로 알고 있으니 한번 읽어 보시면 좀 더 자세한 분석을 보실 수 있을 겁니다.

지난 30년 동안 군비는 부채 확장과 함께 경제 팽창에서 일정한 구실을 했습니다. 그러나 군비 지출도 부채도 최근 위기가 발생하는 것을 막을 수 없었습니다. 설사 자본가들이 이번 위기에서 벗어나는 데 성공하더라도, 5년이나 10년 뒤 위기가 다시 발생하는 것을 막을 수는 없을 것입니다. 그래서 나는 앞으로 10년 동안 자본가들이 노동자들에게 위기의 대가를 떠넘기면서 위기에서 벗어나려고 시도할 거라고 봅니다. 아마 또 다른 거품을 조장하는 방식일 수 있을 겁니다. 그러나 그것은 나중에 또 다른 위기를 초래할 것입니다.

대중매체에 관한 질문에는 여러 가지 문제가 복잡하게 얽혀 있습니다. 그러나 두 가지만 지적하겠습니다. 첫째, 작은 대안 언론도 때로는 몸집 — 판매 부수나 웹사이트 방문자 수 등 — 에 비해 큰 영향력을 행사할 수 있습니다. 사람들의 삶에 관해 진실을 말하고 있다는 평판을 얻으면, 사람들은 종종 거짓말하는 주류 언론보다 그 대안 언론을 훨씬 진지하게 대할 것입니다. 투쟁하는 사람들 사이에서는 더 그렇습니다. 영국에서 우리 단체는 주간지 〈소셜리스트 워커〉를 발간하는데, 보통 호당 몇천 부 정도 팔립니다. 그러나 어떤 노동자들이 투쟁을 시작하면, 그들은 우리 신문을 집단으로 수백 부씩 구입합니다. 왜냐하면 그들은 투쟁할 때 좌파 신문을 사서 읽는 것이 당연하다고 생각하기 때문입니다.

둘째, 주류 언론조차 대규모 투쟁이 발생하면, 그 소식을 반영해야 한다는 점을 잘 알고 있습니다. 2009년 4월 1일 런던에서 금융 자본가들에 항의하는 큰 시위가 벌어지자, 갑자기 모든 주요 일간지들이 이 시위를 호의적으로 보도했습니다. 자기 독자들이 은행가들을 증오하는 것을 잘 알고 있기 때문이었습니다. 물론 그 신문들은 하루 이틀 호의적 보도를 한 후에 원래 보도방식 — 한편으로 연예인들을 찬양하고 다른 한편으로 인종차별주의를 부추기는 — 으로 돌아갔습니다. 그럼에도, 며칠 동안 호의적인 보도를 해야 했다는 점은 중요합니다. 또, 2003년 반전 시위를 준비할 때 주요 일간지 세 곳이 반전 운동 지지를 선언했습니다. 판매부수 2위의 신문사가 대규모 시위 중 하나를 조직하는 데 재정적 도움을 제공했습니다. 판매 경쟁에서 가장 잘 팔리는 신문을 앞서고 싶었기 때문이었습니다. 그러나 주류 언론이 시위를 옹호해 준 덕분에 반전 운동이 힘을 받을 수 있었습니다. 물론, 그 신문은 아프가니스탄 전쟁은 지지했습니다. 그래서 우리는 그런 기회를 이용해야 하지만, 동시에 독립 언론을 건설하기 위한 노력도 해야 합니다.

마지막으로, 노동자와 노조에 대한 질문에 답하겠습니다. 이미 청중토론 시간에 몇몇 분이 이 문제에 답했기 때문에 길게 말하지 않겠습니다. 그러나 노조 지도자들은 노동자들이 자본주의 체제에서 자신의 노동을 좀 더 유리하게 팔도록 돕는 것을 자신의 구실로 봅니다. 그래서 종종 마치 재래시장에서 옷을 파는 장사꾼 같은 태도를 취합니다. 그들은 자신의 협상력만이 중요하다고 착각하기 쉽습니다. 그래서 투쟁을 경멸하게 됩니다. 그러나 그들도 때로는 협상력을 높이기 위해 파업을 벌이겠다고 위협할 수밖에 없습니다. 그러나 파업을 호소할 때 그들은 자본주의에 무언가 중요한 메시지를 전달합니다. 자본주의는 노동자가 이윤의 원천임을 잘 알고 있습니다. 노동자들은 자신이 자본주의와 대적할 힘을 가지고 있음을 깨닫기 시작합니다.

사회주의자들은 노조에서 소수이지만, 자신에게 호의적인 환경에서 소수입니다. 노조에 속해 있기 때문에 노동자들이 개별적으로 성취할 수 없는 것을 집단으로 성취할 수 있다고 사회주의자들은 말할 수 있습니다. 그리고 사회주의자들은 노동자들이 집단으로 작은 것을 얻을 수 있지만, 노동자 모두가 단결한다면 더 큰 것을 성취할 수 있다고 말할 수 있습니다. 그래서 사회주의자들은 노조에 속해 있지만 자신의 임무에 대해서는 노조 지도자들과 완전히 다른 생각을 가지고 있습니다.

자본주의의 미래 — 현 경제 위기의 원인과 전망

알렉스 캘리니코스 발제

모두 알다시피 우리는 1930년대 이후 최악의 경제 위기를 경험하고 있다. 비록 지난 몇 개월 사이 경기가 비교적 안정되긴 했어도 여전히 IMF는 올 한 해 동안 세계 무역이 12퍼센트 하락할 것으로 전망하고 있는데, 이는 수십 년 동안 세계 무역이 매년 플러스 성장을

마틴 울프, 알렉스 캘리니코스. 〈레프트21〉 20호, 2009년 12월 3일. https://wspaper.org/article/7317. 이 글은 런던 킹스칼리지의 두 라이벌 학생 모임인 '자본론 강독 그룹'과 '비즈니스 클럽'이 공동 주최한 '자본주의의 미래 — 현 경제 위기의 원인과 전망'의 발제와 정리 발언을 녹취·번역하고 요약한 것이다. 발표자인 알렉스 캘리니코스는 영국 사회주의노동자당 중앙위원이자 킹스칼리지 교수이며, 《카를 마르크스의 혁명적 사상》(책갈피), 《자본주의의 대안과 사회주의 가치 논쟁》(책갈피)의 저자다. 또 다른 발표자인 마틴 울프는 〈파이낸셜 타임스〉의 수석 경제 평론가이며 《금융공황의 시대》(바다출판사)의 저자다.

기록한 것에 비춰 보면 엄청난 일이다. 올해에는 또한 세계경제의 산출량이 제2차세계대전 이후 처음으로 마이너스 성장을 기록할 수도 있는데, 이 역시 경제사적 대사건이다. 주류 경제학의 관점에서 이런 일은 있을 수 없는, 일어나서는 안 될 이상 현상이다. 이번 위기로 수많은 사람들의 삶과 미래가 파괴됐다. 이런 비극이 반복되는 것을 막으려면 위기의 원인을 규명해서 교훈을 이끌어내는 것이 필수적이다. 그럼에도 주류 경제학의 관점에서는 그렇게 하기가 매우 어렵다. 주류 경제학 자체에 경제 위기가 끼어들 틈이 별로 없기 때문이다.

마르크스의 자본주의 비판

나는 마르크스가 《자본론》을 기초로 수행했던 정치경제학 비판이야말로 주류 경제학보다 세계를 이해하는 데 훨씬 도움이 된다고 주장할 것이다. 먼저 마르크스가 이해한 자본주의의 두 가지 핵심 요소를 살펴보자. 첫째는 계급 착취다. 달리 말해, 자본주의 하에서 가장 중요한 사회·경제적 관계는 사회의 생산 수단을 통제하는 계급인 자본가 계급이 노동자 계급을 착취하는 관계다. 노동자라고 하면 공장에서 일하는 사람들만이 아니라 온갖 종류의 직장에서 일하지만 어쨌든 가지고 있는 생산수단이라고는 일할 수 있는 능력밖에 없는 사람들을 말한다. 일할 수 있는 능력만이 그들이 가진 유일한 자산이기 때문에 그들은 사용자(자본가)와의 협상에서 불리한 위치를 점할 수밖에 없고, 그 때문에 착취 당하게 된다. 즉, 이들의 노동은 자본주의의 원동력이자 성공의 척도인 이윤의 원천이 된다.

두 번째 근본적 특성은 경쟁이다. 마르크스는 자본가 계급이 싸우는 형제들과 같다고 했다. 하나의 집단으로서 자본가 계급은 노동계급에게서 이윤을 착복하지만 개별 자본가들은 그 이윤의 가장 큰 몫을 차지하기 위해 다른 자본가들과 경쟁한다. 주류 경제학 교과서는 바로 이 같은 경쟁적 투쟁이 효율성과 소득, 산출량을 증가시키는 원동력이라 말한다. 그러나 경쟁은 또한 뿌리깊은 불안정성의 원천으로서 자본주의 역사 내내 주기적으로 위기를 불러온 주범이기도 하다.

현재 위기가 발생하기까지

1990년대 이후 두 차례의 호황(2000년대 초의 짧은 침체기를 전후로 해서)이 있었는데, 둘 다 금융시장의 발전에 힘입은 바가 컸다. 1990년대 말에는 주식 시장을 중심으로, 2000년대 중반에는 주택 시장을 중심으로 하여 거대한 투기적 거품이 일었다. 두 차례의 호황 모두 이 같은 거품에 크게 의존했다. 자산 가격이 오르면서 사람들은 예전보다 부유해진 듯한 느낌을 갖게 됐고, 더 쉽게 돈을 빌리고 쓸 수 있었다. 그럼에도 적어도 선진국의 경제 성장률은 1950~60년대의 장기 호황 때보다 현저히 낮았다. 또한 이른바 호황이 지속되는 와중에도 평균 생활수준이 정체하거나 하락했다는 점에서 1950~60년대와는 매우 대조적이었다. 마틴의 동료 기자인 에드워드 루스에 의하면 2001년에서 2006년 사이 미국에서는 중위 가계의 실질소득이 1.1퍼센트 하락했다. 이는 2천 달러에 해당하는 돈이다. 상위 1퍼센트의 실질 가계 소득은 같은 기간에 2백3퍼센트 증가했다. 상위 0.1퍼센트의 경우 증가율은 4백25퍼센트였다. 달리 말해, 지난 15년 사이에 발생한 이른바 호황들은 금융 투기의 산물이었을 뿐 아니라 빈부격차 확대를 동반한 것이었다.

이번 위기가 터진 것은 주택 시장을 중심으로 형성된 투기 거품이 국제 금융 시스템의 대부분을 연루시킬 정도로 과잉 확장된 나머지 그것이 붕괴했을 때 단지 금융권만 파탄난 것이 아니라(그것만으로도 재앙적이었겠지만) 세계경제 자체가 파탄났기 때문이다. 이처럼 위기가 커지고 1930년대와 비슷한 대공황이 우려되자 정부가 구원 투수로 나섰다. 구제금융의 규모가 얼마나 컸으면 우익인 니얼 퍼거슨(내가 알기로 그는 경제사가로서 〈파이낸셜 타임스〉의 공동 편집자로도 일하고 있다)이 최근에 쓴 정치학 연구 센터 책자에서 "우리는 국가독점자본주의 하에서 살고 있다"고 했을 정도다.

저들의 대책 ― 노동자 공격

생각해 보니 이번 위기에서 살아남은 은행들은 정말로 국가의 후원 덕분에 엄청난 돈을 벌어들이고 있다. 그렇게 돈방석에 앉은 은행들은 이제 늘 하던 보너스 잔치를 벌이는 것에 만족하지 않고 국가에게 이렇게 말하고 있다. "이봐, 우리를 구제하느라 돈을 너무 많이 빌렸잖아. 나라 빚이 산더미처럼 불었어. 국가 재정을 이렇게 무책임하게 운영해도 되는 거야? 재정 적자를 당장 줄여!" 그게 무슨 뜻일까? 공공 지출을 삭감하라는 말이다. 그래서 영국에서는 지난 몇 달 동안 공공 지출을 삭감하라는 목소리가 점점 거세져 왔다. 유감스럽지만 마틴도 여기에 가세했다. 그는 이렇게 말했다. "공공 지출을 어떻게 삭감할 것인지에 관한 논의는 영국 정치에서 핵심 쟁점이다. 우리에게 필요한 것은 지속적인 임금 동결이다." 물론 은행이 아니라 공공부문의 임금 동결을 말하는 것이다. 또, "피고용자들도 공적 연금의 보험료 일부를 부담하게 하고, 복지 삭감도 필요하다" 하고 말했다.

하지만 이 모든 논의는 한 가지 수수께끼를 던져 준다. 공공부문 노동자들, 이를테면 교사, 소방관, 간호사, 우편부, 이런 사람들이 도대체 경제 위기에 어떤 책임이 있단 말인가? 이들은 아무런 책임이 없다! 옛날 사람들은 탐욕스러운 노동자들의 임금 인상 요구 때문에 경제 위기가 발생한다고 말하곤 했지만 이번 위기에 대해서는 아무도 그런 얘기를 하지 못한다. 즉 공공부문 노동자들뿐 아니라 공공 서비스를 향유하는 일반인들 중 누구도 이번 위기에 대해 책임이 없다. 그런데 왜 혹자는 그들더러 대가를 치르라고 하는가?

그 답은 계급 권력과 관련 있다. 이번 위기는 은행들의 힘이 실로 얼마나 막강한지를 보여 줬다. 은행들은 파산 지경에 내몰려 국가의 도움으로 생존하고 있을 때조차 경제 위기의 고통을 다른 사람들에게 전가하는 정책을 국가에 요구할 정도로 강력한 대사회적 영향력을 행사한다. 이런 것이 마르크스가 말한 자본과 노동 간의 계급 적대가 아니라면 과연 무엇인가?

위기의 원인은 또 어떤가? 이미 말했듯이 위기의 배경에 금융화라는 것이 있었다. 달리 말하면 금융 부문이 지나치게 비대해졌다. 영국 금융 당국의 수장조차 은행들이 덩치가 너무 크고 사회적 관점에서는 별 쓸모가 없는 존재라고 말할 정도다(그런데도 왜 은행이 아니라 공공 지출이 삭감돼야 하는 것인지 더욱 궁금해지는 대목이다).

그렇다면 이와 같은 금융화 현상 자체는 어떻게 설명해야 하는가? 선진국 경제권은 1960년대 말부터 오랜 수익성 위기를 겪어 왔다. 이로 인해 체제가 붕괴하지는 않았지만 성장률이 상대적으로 둔화했고 성장을 지속하기가 점차 어려워졌다. 그러다가 1990년대 말부터는 경제 정책을 담당하는 사람들이 경제 성장을 지속시키기 위한 방편으로 금융 부문의 팽창을 선택한 것 같다. 마르크스주의 경제사가인 로버트 브레너는 이를 '자산 가격 케인스주의'라고 묘사한 바 있다. 주가나 주택 가격 상승을 부채질함으로써 그러한 자산을 보유한 사람들이 마음 놓고 돈을 빌려 쓰도록 부추기는 방식으로 유효수요를 창출했다는 뜻이다. 이렇게 해서 형성된 거품은 너무나 크게 부풀려졌던 나머지 그것이 터지는 순간 세계경제도 함께 붕괴하고 말았다.

자본주의에 대안은 있는가?

버락 오바마의 비서실장인 람 이매뉴얼은 진보적인 사람이 전혀 아니지만 좋은 말을 한마디 했다. "이런 위기는 그냥 흘려 보내기에는 너무 좋은 기회"라는 것이다. 비록 미국의 협소한 정당 정치 논리를 바탕에 깔고 한 말이지만 그래도 좋은 말이다. 우리가 지난 30년 동안 겪어 온 경제 질서와 이데올로기의 한계와 약점을 이토록 선명하게 드러내 보여 주는 위기는 정말로 그냥 흘려 보내기에는 너무 좋은 기회다. 이번 기회에 우리는 현 질서에 대한 대안을 진지하게 모색해야 한다.

내가 마지막으로 하려는 얘기도 대안에 관한 것인데, 이는 마틴의 예상되는 반론에 대한 일종의 선제 공격이기도 하다. 마틴은 아마도 "자본주의의 꼴이 말이 아닌 것은 사실이지만 자본주의의 대안은 없다"고 말하고 싶을 것이다. 그러나 설사 그 말이 맞더라도 그것은 사실 꾀죄죄한 주장이다. 심지어 마르크스가 생각한 것보다도 현실이 더 우울하다는 말과 다름없기 때문이다. 마르크스는 자본주의가 비록 끔찍한 체제지만 다행히도 우리가 그것을 타도하고 더 나은 것으로 대체할 수 있다고 말했는데, 만약 자본주의의 대안이 없다는 말이 사실이라면 단지 자본주의가 끔찍한 체제일 뿐이고 우리가 할 수 있는 건 아무것도 없다는 말밖에 되지 않는다. 그러나 그런 주장이 꾀죄죄하다고 생각하는 또 한 가지 이유는, 그렇게 말하는 근거가 소련과 동유럽의 스탈린주의 체제의 실패에 바탕을 두고 있기 때문이다. 자본주의가 온전히 작동하는 체제로 정착되기까지 5백 년이 걸렸다. 그 사이에 온갖 시행착오와 불발로 끝난 혁명, 일보 전진과 일보 후퇴를 겪어야 했다. 자본주의가 그랬을진대, 자본주의의 대안을 건설하려는 제한적이고 온갖 역사적 제약 때문에 실패로 끝난 단 한 번의 시도를 근거로 자본주의의 대안은 없다고 말하는 것은 우습기 짝이 없다.

진정한 민주적 계획 경제

그러나 나는 자본주의의 대안을 대략적으로 제시하는 것도 가능하다고 생각한다. 대안은 민주적 계획이다. 즉, 직장과 지역 기반의 평의회로 조직된 소비자들과 생산자들이 지역 수준에서, 그리고 필요하다면 더 높은 수준에서 최대한 서로 협력하는 가운데 자원의 이용에 관한 사항을 결정해 자신들의 필요를 충족시키는 시스템이다.

그뿐 아니라, 지금은 몇 년 전에 비해 '계획'을 기각하기가 훨씬 더 어려워진 것 같다. 앞으로 이 세상에는 계획이 점점 더 많이 필요해질 것이기 때문이다. 기후변화의 위협이 정말로 그렇게 심각하다면, 그래서 전 세계적으로 이산화탄소 배출량의 극적인 감축이 필요한 것이 사실이라면 그러한 구상을 실현하기 위해서라도 전 세계적으로 어마어마한 규모의 계획이 필요할 것이다. 그래서 나는 어떤 측면에서 우리가 직면한 선택이 꼭 "시장 아니면 계획"인 것은 아니라고 본다. 오히려 우리가 직면한 선택은 "어떤 종류의 계획이냐"는 것일지도 모른다. 중앙집중적이고 기업 주도로 이루어지는 계획인가(내 생각에 자본주의의 틀 내에서 기후변화에 대응하려는 시도는 이런 형태를 띨 것이다), 아니면 이윤보다 인간의 필요가 우선하는 사회를 건설하는 과정에서 건설되는, 진정 민주적인 아래로부터의 계획인가?

정리하자면, 나는 자본주의의 미래에 관한 논쟁에 전혀 수세적인 자세로 임하지 않는다. 마르크스주의자인 내가 보기에 지난 2년간의 사태 흐름은 마르크스가 1850년대와 1860년대에 《자본론》을 집필한 이후로 그의 후학들이 계승·발전시킨 자본주의 분석의 올바름을 확인시켜 줬다. 그러나 그보다 중요한 것으로, 이번 경제 위기는 자본주의에 대한 합리적이고 민주적인 대안을 모색해야 할 필요성을 웅변하기도 한다. 자본주의가 우리가 희망할 수 있는 최선이라면 인류에게 미래는 없을 것이기 때문이다.

마틴 울프 발제

　내 칼럼을 읽어 본 사람이라면 내가 항상 질문부터 던지면서 시작한다는 사실을 알 것이다.

　내 질문은 다음과 같다. 첫째, 과거에도 이런 위기가 있었는가? 둘째, 어쩌다가 이 지경까지 왔는가? 셋째, 위기가 끝나고 있는가? 달리 말하면, 이번 위기가 얼마나 심각한가? 넷째, 재발 방지가 가능할까? 마지막으로, 이번 위기가 자본주의의 종말을 의미하는가? 다들 알겠지만 이에 대한 내 답은 그렇지 않다는 것이다. 수많은 사람들이 자본주의의 종말을 예견했지만 번번이 그들의 예측은 빗나갔다.

자본주의는 왜 망하지 않나?

　먼저, 과거에도 이런 위기가 있었는가? 이와 관련해서 존 메이너드 케인스의 말을 상기해 볼 만하다. 그는 《설득의 경제학》(부글북스)에서 1930년대의 위기를 "발전기 고장"이라 묘사한 바 있다. 그 뜻인즉, 어떤 이유에서건 자본주의라는 거대한 엔진에 결함이 생겼는데 그 결함을 찾아내서 고치는 것이 우리가 할 일이라는 것이었다. 케인스는 어떤 면에서는 궁극의 반(反)마르크스주의자(그것도 매우 유능한)였다. 당시의 경제 위기가 지금보다 훨씬 더 심각했음에도 불구하고 케인스는 자본주의의 틀 내에서 문제를 해결하려 했다. 케인스의 《일반 이론》이 출판된 해인 1936년에 우리가 이런 토론을 하고 있었다면 아마 청중들 거의 대부분이 자본주의가 끝장났다고 생각했을 것이다. 대공황에 타격을 입지 않은 듯했던 유일한 경제권은 소련과 나치 독일 정도였다. 미국을 포함한 여러 나라에서 실업률이 노동인구의 4분의 1에 달할 지경이었다. 대부분의 경제가 공공부문 부채와 은행 파산 물결로 큰 타격을 입었다.

이 모든 사실을 봤을 때 그 당시에 합리적인 사람이라면 누구나 자유시장 자본주의는 끝났다고 결론지었을 법하다. 하지만 그 생각은 틀린 것으로 입증됐다. 그렇다면 문제는 왜 그때 자본주의가 끝나지 않았느냐는 것이다. 이에 대한 답은 바로 자본주의가 적응했기 때문이다. 자본주의는 역사상 적응력이 가장 뛰어난 체제다. 이는 부분적으로 자본주의가 경제·정치적으로 탈중앙화한 시스템으로서 유연성을 지녔기 때문이다. 그에 반해 소비에트 체제는 어땠는가? 물론 스탈린주의의 사례가 진정한 사회주의적 이상과는 거리가 있다고 주장할 수도 있겠지만, 어쨌든 내 기억에 1950~60년대에는 서구 모델보다 월등히 우수한 모델로 널리 알려졌던 소비에트 체제는 결국 적응에 실패했다. 권력과 정보가 중앙집중화한 체제는 극도로 경직될 수밖에 없기 때문이다.

자본주의 ― 가장 덜 나쁜 체제

이 대목에서 케인스의 사상이 여전히 유효한 이유는, 그가 '적응'의 구체적 방법에 대해서도 처방을 제시했기 때문이다. 무엇보다 그는 총수요 관리가 필요하다고 했다. 또한, 경제 체제의 구체적인 문제점들을 잘 파악해서 해결해 나가야 하며 그렇게 했을 때 시장 경제의 탈중앙화하고 경쟁적인 속성이 나머지를 해결해 줄 것이다[라고 케인스는 생각했다]. 따라서 이번 위기에 대한 나의 접근법은 분명 알렉스와 다르다. 나는 자유민주주의적 자본주의 정체에 대한 믿음을 갖고 있으며 그것이 오늘날의 복잡한 경제와 사회를 운영하는 최상의 방법이라 생각한다. 자본주의는 실로 우리가 선택할 수 있는 가장 덜 나쁜 시스템이다. 탈중앙화한 정보를 활용하는 경쟁적 시스템은 알렉스가 제시한 고도로 복잡한 투표 시스템보다 비할 데 없이 더 효율적이며, 인간의 불완전성을 오히려 생산적인 요소로 만든다. 물론 자본주의는 인간이 만든 시스템이므로 절대 완벽하지 않다. 자본주의는 명시적으로 비(非)유토피아적인 체제다. 우리는 이미 충분히 많은 유토피아를 겪어 봤고, 더는 필요없다. 자본주의가 지금처럼 명백히 고장이 났을 때면 고장 난 특정 부분만 찾아내서 고치면 되는 것이다. 이번 위기가 대공황의 재판이 되지 않은 것도 바로 그 덕분이다. 이번 위기가 끝날 때쯤이면 전 세계 GDP가 처음에 비해 아마도 2~3퍼센트 수축돼 있을 터인데, 세계경제 규모가 2007년과 대략 비슷해져 있을 것이란 말이다. 이는 분명 상당한 충격이긴 하겠지만 파국을 논할 정도는 아니다.

두 번째 질문은 우리가 어쩌다가 이 지경까지 왔느냐는 것이다. 하이먼 민스키 교수가 말했듯이 금융위기는 탈중앙화한 시장 경제 체제의 고전적 특징이다. 그렇다면 금융위기의 원인은 무엇인가? 첫째로 고전적인 도취감이 작용했다. 달리 말해, 전 세계의 의사결정권자들이 경기순환 종말론에 대한 근거 없는 믿음에 사로잡혔다. 둘째, 알렉스가 이 점을 언급 안 한 것이 흥미로운데, 바로 동아시아 등지에 새로운 권력 중심들이 떠오르면서 자본주의에 어마어마한 구조적 격변이 일어났다는 점이다. 그 결과로 엄청난 금융 현상들이 나타났다. 1990년대와 2000년대에 동아시아 경제들이 막대한 외환보유고를 축적하면서 나타난 글로벌 불균형 현상은 여러 결과를 초래했는데, 가장 중요한 것으로 한동안 명목이자와 실질이자가 전에 없이 낮은 수준으로 하락했다. 그 결과 투자자들은 더 높은 이자 수익원을 찾아 나서기에 이르렀다. 이 같은 배경에서 민스키가 "고전적 금융 혁신기"라고 부른 시기가 도래해 명목상 안전한 금융 상품들이 새로 등장했다. 그리고 거의 언제나 그렇듯 정부와 금융당국은 뻔한 실수들을 저질렀다. 주택 시장과 증권 시장에 대한 규제는 필요 이상으로 완화했다.

끝나 가는 위기

세 번째 질문. 이제 위기가 끝나 가고 있는가? 끝나 가고 있다. 그러나 어느 정도까지만 그렇다. 먼저 위기가 왜 끝나 가고 있는지부터 살펴보자. 세계 각국 정부는 케인스의 이론을 배운 덕분인지 경제 위기가 닥치자 전후 역사상 가장 눈부신 공조를 취했다. 이에 따라 선진국에서는 재정 적자가 2007년의 평균 1퍼센트에서 2009년의 9퍼센트로 대폭 확대됐다. 단기 금리는 0퍼센트로 떨어졌고 경제적 파급력이 큰 기관들의 부채는 사회화됐다. 이는 역사상 가장 케인스주의적인 정책이었다. 그리고 이 정책은 효과가 있었다. 경기 추락이 2분기 이상 지속되지 않았고, 대부분의 나라에서 경제가 안정화했고, 신용 시장이 극적으로 회복됐으며, 공산품 교역량의 급강하 추세가 반전되고 있다. 경제 성장률 전망치도 이제 꾸준히 상향 조정되고 있어서 다음 한 해에 세계경제는 아마 우리도 깜짝 놀랄 만큼 높은 성장률을 보일 것이다. 솔직히 우리가 극복해야 할 큼직한 난제들이 남아 있는데, 특히 미국과 영국을 비롯한 몇몇 고부채 국가에서 디레버리지(부채 축소)가 필요하다. 많은 나라에서 민간 소비가 아직 활기를 띠지 못하고 있고, 경기회복에 꼭 필요한 글로벌 불균형 해소는 이제 막 시작됐을 뿐이다. 무엇보다 각국 정부의 재정적자 문제가 남아 있다. 그래서 예컨대 영국 정부는 세수 3파운드당 4파운드를 지출한다. 그런데 내가 그동안 칼럼을 통해서 지적해 왔듯이, [이런 상황이 지속된다면] 누군가는 그 대가를 치러야 한다. 이에 대한 반론으로 세수를 3분의 1만큼 확대하자고 주장할 수도 있을 것이다. 그것도 완벽히 합리적인 대안이다. 그러나 나는 정치 논리상 세금 인상이 이루어질 것 같지 않고, 따라서 궁극적으로 현재의 구조적 재정적자(현재 재정적자의 적어도 일부분은 분명 구조적이다)를 해소하려면 지출을 삭감할 수밖에 없다고 생각한다.

대안 — 점진적 사회공학

넷째, 위기의 재발을 방지하는 것이 가능한가? 솔직히 불가능하다. 오늘날의 시장 경제는 수십억 단위의 인간과 재화를 공시적이고 무엇보다 통시적으로 상호 조율하는 복잡한 시스템이다. 이런 시스템이 때때로 고장을 일으키지 않는 것은 불가능하다. 특히 금융 시스템은 수많은 사람들의 기대와 두려움(예컨대 집값이 계속 오를 것이라는 믿음에 주택 융자를 받는 사람들의 기대)을 반영하는 시스템으로서 본질상 불안정하며 때때로 고장 날 수밖에 없다. 특히 이번 위기 직전처럼 도취감이 팽배한 상황에서는 금융 시스템이 고장

날 개연성이 높다. 사실 이 정도 규모의 위기는 적어도 선진국에서는 근 80년 만에 처음 있는 일인데, 바로 그 사실 때문에 금융 시장 참가자들과 정책 입안자들은 위기 발생 가능성을 염두에 두지도 않은 것 같다.

금융 시장을 통제하는 것은 쉽지 않다. 탈중앙화한 시장경제는 어떤 것이든지 다 그렇다. 그러나 이번 위기의 재발 가능성을 최소화하려면 여러 가지 조처가 필요할 것임은 분명하다. 특히 자산 가격 거품에 대응해 훨씬 더 공격적인 통화 정책을 써야 할 것이다. 또한 '대마불사'로 여겨지는 핵심 금융기관들에 대한 규제를 강화해 자기 자본 비율을 대폭 높여야 할 것이다. 내 생각에 이는 금융 시장의 규모를 적정 수준으로 축소시키는 효과도 있을 것이다. 여러분은 어떻게 생각할지 모르겠지만 나는 시장경제 같은 고도로 복잡한 시스템을 다룰 때는 바로 이런 종류의 점진적 사회 공학을 적용하는 것만이 올바른 길이라고 확신한다.

자본주의에 돈을 걸어라!

자, 이제 마지막 질문으로 넘어가자. 이번 위기가 자본주의의 종말을 의미하는가? 정말 미안하게도 내 답은 그렇지 않다는 것이다. 자본주의는 역사상 가장 생산적이고 성공적인 경제 시스템이라는 아주 단순한 이유 때문이다. 자본주의가 그럴 수 있는 건 그것이 수억, 수십억 명의 독자적 활동을 상호 조율하며 그러한 활동에 의해 지탱되는 시스템이기 때문이다. 설령 [서구에 사는] 우리가 자본주의를 포기하고 싶더라도 인도와 중국으로 하여금 시장경제라는 실험(매우 통제된 실험이긴 하지만)을 포기하도록 설득하기란 절대 불가능할 것이다. 1980년 이후 중국의 1인당 GDP는 10배 성장했고 인도는 4배 성장했다. 이들이 무슨 잠꼬대 같은 대안을 믿고 자본주의를 포기하겠는가? 따라서 우리가 던져야 할 진짜 의문은 자본주의를 폐기할 것인가, 말 것인가가 아니라 과연 어떤 종류의 자본주의가 필요하냐는 것이다. 오직 하나의 단순한 자본주의 모델이 헤게모니를 장악하기보다는 다양한 모델들이 공존하게 될 듯하다.

어쨌든 나의 기본 요지는 간단하다. 자본주의는 때때로 실패하지만 언제나 살아남는다. 자본주의에 돈을 걸어라!

알렉스 캘리니코스 VS 마틴 울프 논쟁 정리 발언

마틴:

[알렉스는] 전 세계적 수준에서 투표를 통해 생산을 조율하는 것이 쉬운 일인 것처럼 이야기했다. 하지만 내 생각에 이는 몽상이다. 수억 단위에 이르는 사람들의 소비에 관한 사항을 어떻게 일일이 투표로 결정한단 말인가? 그것은 전혀 불가능한 일이다. 그런 점에서 계획에 대한 하이에크의 비판은 타당하다. 중앙의 어떤 기구가 경제 활동을 계획하는 데 필요한 무수히 많은 정보를 감당하기란 불가능하다.

자본주의 체제가 우수한 점은 그것이 사람들에게 동기부여를 해준다는 점에 있다. 시장경제의 동기부여야말로 [중국, 인도 등지의 사람들을] 가난에서 벗어나게 해 줄 수 있는 원동력이다. 몇 세대가 지나면 현재 가난한 나라에 살고 있는 사람들도 대부분 우리와 비슷한 생활수준을 누리게 될 것이다.

자본주의 하에서는 어떤 문제도 최종적으로 해결되지는 않는다. 문제를 끊임없이 고쳐 나감으로써 이번 위기와 같은 사태의 발생 가능성을 최소화할 수 있을 뿐이다. 실제로 그런 노력은 효과가 있다. 내가 제안한 조처들이 취해지고 나면 다음번 위기는 70~80년 뒤에나 도래할 것이라 믿는다. 지난번에 이런 위기가 도래했던 것이 70~80년 전이었다.

알렉스:

먼저 케인스에 관해서 한마디 해야겠다. 케인스가 반(反)마르크스주의자였다는 것은 맞지만, 그가 어떤 점에서는 반(反)자본주의자이기도 했다는 점을 마틴은 간과하고 있다. 민스키도 흥미로운 경제학자이지만 케인스는 민스키보다도 더 급진적이다. 민스키는 자본주의 하에서 금융 시장이라는 카지노의 존재가 불가피하다고 믿는다. 카지노가 주기적으로 문제를 일으키긴 하지만 그때마다 문제를 고치면 그만이라는, 마틴과 비슷한 관점이다. 반면 케인스는 카지노를 아예 폐쇄해야 한다고 말했다. 투자를 사회화하자는 주장도 했다. 이는 자원 배분에 관한 중요한 결정권을 민간 부문으로부터 박탈하는 것을 의미하는, 대단히 급진적인 관점이다. 그런 점에서 각국 정부는 요 근래 자신들이 취하고 있는 경제 정책을 합리화하기 위해 케인스를 너무 제멋대로 원용하는 것 같다. 또한 지금 일이 돌아가는 상황을 보면 그러한 정책의 결과로 다음번 위기가 70~80년씩이나 유예될 것 같지도 않다.

동기부여에 관해서도 한마디 하겠다. 오직 돈을 위한 욕심만이 인류가 성취한 모든 진보와 발명의 원동력이라는 생각에 나는 전혀 동의할 수 없다. 오늘 이 행사 자체가 그에 대한 절묘한 반박이다. 사람을 움직이는 동기는 무수히 많다. 시기심처럼 안 좋은 동기도 있겠지만 호기심이나 다른 사람을 돕고자 하는 마음, 혹은 단순히 어떤 문제를 해결하고자 하는 욕구도 있을 수 있다. 우리가 세계를 이해하는 방식 등이 획기적으로 진보하는 것은 종종 그런 동기 때문이다. 따라서 시장경제의 채찍과 당근이 없다면 사람들이 아무것도 안 할 것이라는 생각은 정말 어리석다. 시장주의라는 전제를 받아들일 때 사람의 시야가 얼마나 보수적이게 될 수 있는지를 마틴이 몸소 보여 주는 것 같다.

이제 계획의 문제로 넘어가자. 계획에 대한 하이에크의 비판은 경제에 관한 모든 정보가 한 곳에 집중되는 계획 모델을 전제로 삼는다. 실제로 그런 종류의 계획은 불가능하다. 그 점에서는 하이에크가 옳다. 그러나 대부분의 정보와 의사결정이 분권화해 있는, 다른 종류의 계획도 얼마든지 생각할 수 있다. 국가적 또는 국제적 수준에서 기본적인 방향이나 우선순위만 합의된다면 이를 바탕으로 재화의 생산과 분배에 관한 대부분의 결정이 지역 수준에서 취해질 수 있다. 따라서 우리의 선택이 마치 "탈중앙화하고 정보를 다루는 역량이 뛰어난" 자본주의 아니면 "고도로 중앙집중화한 사회주의적 계획 경제"인 것처럼 말하는 것은 어불성설이다. 자본주의는 갈수록 중앙집중화하고 있을 뿐 아니라 이번 위기에서 드러났듯이 정보를 다루는 데서 재앙적일 정도로 비효율적이다.

　마지막으로, 자본주의의 종말이 필연적인가? 절대로 그렇지 않다. 나는 단 한 번도 이번 위기가 자본주의의 종말을 뜻한다고 말하지 않았다. 바보가 아니고선 그런 말을 못할 것이다. 그러나 이번 위기는 인류에게 보내진 경고이기는 하다. 우리 삶의 방식을 이제는 바꿔야 한다는 경고 말이다. 그 경고를 받아들일지 여부는 우리의 선택이다.

제4부
《자본론》

마르크스와 《자본론》 ① :
신비화된 체제의 베일을 벗기다

1872년에 쓴 편지에서 카를 마르크스는 불어판 《자본론》을 연재물 형식으로 출판하려는 계획을 칭찬했다.

"그렇게 하면 《자본론》은 노동자들에게 더 쉽게 읽힐 것입니다. 다른 어떤 고려사항도 이보다 중요할 수는 없습니다."

《자본론》은 일반적인 경제학 저서들과는 사뭇 다르다. 한 장, 한 장이 독설로 가득하다.

"자본주의 체제 하에서는 노동의 사회적 생산성을 끌어올리는 모든 혁신이 개별 노동자들의 희생을 대가로 이뤄진다."

"그런 혁신은 노동자의 인격을 조각내고, 그를 한낱 기계의 부속품으로 전락시키며, 노동에서 마지막 남은 즐거움마저 말살해 노동을 혐오스러운 고초로 만든다."

조셉 추나라, 〈맞불〉 73호, 2008년 1월 24일. https://wspaper.org/article/4956.

마르크스는 오로지 자본주의의 "운동 법칙"을 규명함으로써 자본주의의 타도를 재촉할 목적으로 《자본론》 세 권을 집필했다.

그러나 마르크스는 또한 독자들이 《자본론》과 씨름하다 지쳐서 "사기 저하" 될 것을 걱정했다.

그는 프랑스 출판사에 보낸, 앞서 말한 편지에서 다음과 같이 결론지었다. "과학에 왕도는 없습니다. 오직 과학에 이르는 험난한 비탈길을 마다하지 않는 자만이 그 빛나는 정상에 도달할 수 있습니다."

《자본론》을 읽다가 많은 독자들이 어려움을 겪는 것은 마르크스의 글쓰기 스타일 때문은 아니다. 그보다는 《자본론》의 주제 자체, 곧 자본주의의 성격 때문이다.

자본주의는 그 전의 체제들과는 다르다. 인류는 하나의 종으로서 지구상에 등장한 뒤로 줄곧 여러 방식으로 상호 협력하면서 필요한 재화를 생산해 왔다.

옛날에는 생산 활동이 수렵 또는 농경 위주였던 반면 오늘날의 생산 활동에는 첨단 기술이 동원된다.

이전 사회의 구성원들은 일차적으로 자신들이 소비할 재화를 생산했지만 자본주의 사회에서는 사정이 다르다.

자동차를 하루에만 몇 대씩 만드는 노동자들도 막상 자신은 평생 차를 몇 대 소유하지 못하며, 그들이 자동차만으로 먹고살 수도 없다. 마찬가지로 맥도널드 노동자들이 햄버거로 집을 지을 수는 없는 노릇이다.

상품 물신주의

《자본론》첫 페이지에 마르크스가 썼듯이, "자본주의적 생산 방식이 지배적인 사회의 부는 어마어마하게 축적된 상품 더미로서 그 모습을 드러낸다."

자본주의는 상품 생산 체제다. 즉 여기서는 재화가 시장에 팔리기 위해 생산된다.

자본주의 하에서 이뤄지는 극히 단순한 경제 행위, 가령 구멍가게에서 신문을 사는 행위를 생각해 보자. 돈이 당신 손을 떠나고 그 대가로 상품 하나가 손에 쥐어진다.

이 행위는 겉으로 보면 물건들 사이의 관계를 반영하는 듯 보인다(동전 몇 푼에 신문 한 부). 하지만 이 대목에서 흥미로운 질문이 제기된다.

신문은 과연 어디서 나왔는가?

신문의 콘텐츠는 기자들과 디자이너들이 생산했다. 활자는 인쇄소의 노동자들이 인쇄했고, 신문지 자체는 또 다른 생산 과정을 거쳤다. 또 그 밖에 더 많은 노동자들이 인쇄기와 기자들의 컴퓨터를 생산했다.

단순한 물건 대 물건의 교환처럼 보이는 행위가 사실은 끝없이 펼쳐진 인간 대 인간의 네트워크(특히 상품 생산에 관여하는 노동자들의 네트워크)들을 연결짓는 구실을 한다.

이전 사회에서는 재화를 생산하는 사람들 간의 관계가 눈에 빤히 보였다. 그러나 자본주의 하에서는 그런 관계가 은폐되고 불가사의

해진다. "사람들 간에 분명히 존재하는 사회적 관계"가 오히려 "물건들 간의 관계 같은 신비한 형태"를 띠게 되는 것이다.

마르크스는 이것을 "상품 물신주의"라고 불렀다.

종교적 의미의 "물신"은 신통력을 지닌 물건을 뜻한다. 자본주의 하에서는 인간이 생산한 물건이 그 자체의 생명력을 얻어 "물신화"한다.

이러한 물신은 종교적 의미의 물신과 다르다. 자본주의 하에서는 물건들이 실제로 신통력을 발휘한다.

예컨대 다른 모든 상품과 교환이 가능한 특수한 "보편적" 상품인 돈을 생각해 보자. 돈은 매우 실질적인 힘의 원천이다.

심지어 돈은 이자 등을 통해 더 많은 돈을 끌어들이는 힘도 있는 것처럼 보인다. 그러나 정작 돈이 이러한 힘을 발휘할 수 있는 이유는 신비화돼 있다.

《자본론》이 쉽지 않은 것은 마르크스가 자본주의를 온전히 설명하기 위해, 자본주의의 표면에는 드러나지 않는, 그러나 체제의 근저에 놓인 사람들 간의 사회적 관계를 파헤쳤기 때문이다.

《자본론》의 출발점이 되는 질문은 간단하다. 한 상품이 다른 상품과 교환될 수 있는 것은 무엇 때문인가?

우유 한 팩과 신문 한 부의 가격이 같은 것은 왜일까? 우유와 신문은 용도와 성질이 전혀 다른 물건들이다. 생산된 방식도 서로 다르다. 그런데도 둘이 같은 가격에 팔리는 이유는 무엇인가?

다음 편에서는 바로 이러한 질문들을 다룰 것이다.

마르크스와《자본론》② : 자본주의 상품 가치의 비밀을 들춰내다

저번 기사는 의문을 하나 던지면서 끝났다. 우유 한 팩과 신문 한 부의 가격이 어째서 같은가? 둘 사이에 어떤 공통점이 있기에?

마르크스는 모든 상품이 두 종류의 가치를 지닌다고 주장했다.

첫째는 사용가치다. 마르크스의 설명에 따르면, '어떤 물건의 사용가치란 곧 그것의 효용성이다. 그러나 이 효용성은 허공 속에 존재하지 않는다. 어떤 상품의 효용성은 그 상품만의 물리적 속성을 떠나서는 따로 존재할 수 없다.'

달리 말해 우유와 신문 사이의 공통점은 분명 사용가치가 아니다. 그 둘은 물리적 속성과 용도가 서로 판이하게 다르다.

두 번째 종류의 가치는 교환가치, 즉 한 가지 상품으로 교환할 수 있는 다른 상품의 양이다. 가령 신문 한 부는 우유 한 팩과 교환될

조셉 추나라. 〈맞불〉 74호, 2008년 1월 31일. https://wspaper.org/article/4982.

수 있고, 따라서 두 상품은 동등한 교환가치를 지니고 있다.

하지만 저번 기사에서 설명했듯이, 이는 단순한 '물건' 간의 교환이 아니다. 상품 하나를 돈 주고 사는 행위는 그 상품을 생산하는 데 관여한 방대한 사회적 관계의 그물에 연결되는 것을 뜻한다.

마르크스는 신문과 우유처럼 언뜻 보기에 서로 무관해 보이는 상품들이 일정한 인간 노동의 산물이라는 점에서 중요한 공통점을 갖는다고 주장했다.

그는 또 표면적인 교환가치의 밑바탕을 이루는 것이 '가치'라고 주장했다.

한 상품의 가치는 그것을 생산하는 데 들어간 노동의 양을 반영하며, 노동의 양은 노동 시간으로 측정된다.

여기서 가치는 천문학에서 만유인력이 하는 것과 비슷한 역할을 한다.

우리는 만유인력을 눈으로 볼 수도, 만질 수도, 혹은 냄새를 맡을 수도 없다. 그럼에도 만유인력 개념 덕분에 우리는 행성들의 공전 운동을 이해할 수 있다.

또한 계단에서 굴러 떨어져 본 사람이라면 알 수 있듯이 만유인력의 효과는 매우 현실적이다.

마찬가지로 '가치'의 개념을 통해 우리는 왜 서로 다른 상품들이 동일한 교환가치를 지니는지 이해할 수 있다. 가치를 눈으로 볼 수는 없어도 그 효과는 현실적인 것이다.

물론 구멍가게 주인이 우유 한 팩과 신문 한 부를 그냥 교환해 주지는 않을 것이다.

자본주의 체제에서는 제3의 상품인 돈이 보편적 상품 구실을 하면서 교환의 전 과정을 더욱 신비스럽게 포장해 준다.

'가치' 개념에 대해서는 당장 두 가지 반론을 떠올릴 수 있다. 첫째는 모든 사람의 노동이 동등하지는 않다는 것이다. 어떤 사람은 남보다 더 열심히, 더 효율적으로 일하기 때문이다.

산 노동과 죽은 노동

마르크스도 지적했듯이, '만약 어떤 상품에 투입된 노동량이 그 상품의 가치를 결정한다면 그 상품을 만든 노동자가 나태하고 미숙할수록 노동 시간이 더 들고 따라서 그 상품의 가치도 더 커질 것이라고 혹자는 생각할 수 있다.'

이 같은 문제는 '사회적 필요 노동시간', 즉 '특정 시기의 평균적 숙련도와 노동 강도'를 적용해 한 상품을 만들어내는 데 사회적으로 필요한 노동시간을 기준으로 생각하면 해결된다.

두 번째 반론은 보다 근원적인 것으로, 상품을 만드는 것은 단지 사람만이 아니라는 주장이다. 가령 신문 생산에는 기계, 잉크, 종이 등의 비인격적 요소들도 투입된다는 것이다.

하지만 이러한 요소들도 상품에 속하며 따라서 선행한 노동의 산출물들이다.

자본주의적 생산 과정에서는 노동자가 직접 투입하는 노동인 '산 노동'과 원자재·기계류에 집적된 '죽은 노동'이 결합된다.

둘 사이의 구분이 중요한 이유는, 마르크스가 말했듯이 산 노동은 최종 산출물에 가치를 새롭게 부가하지만 죽은 노동은 기존에 창출된 가치를 이전시킬 뿐이기 때문이다.

예컨대 어떤 신문이 산 노동 1시간(인쇄 기사들의 노동)과 죽은 노동 2시간(소요되는 자재와 마모되는 기계 가치)으로 생산된다고 치자.

그렇다면 그 신문의 총 가치는 3시간의 노동과 같을 것이다.

그러나 신문사 사장은 기계와 원자재 값을 부담해야 하므로 일단 2시간 상당의 노동에 대한 비용을 지불해야 한다.

오직 산 노동만이 새로운 가치를 창출하는데, 이 경우 그 가치는 1시간의 노동이다.

하지만 여기서 또 하나의 의문에 제기된다. 만약 모든 상품이 그 가치대로 교환된다면 과연 산 노동의 가격은 얼마인가?

만약 인쇄소의 노동자가 자신이 창출한 가치를 전부 가져간다면 신문사 사장에게는 남는 게 없을 것이다. 그러나 자본가들이 막대한 이윤을 챙긴다는 것쯤은 우리가 경험으로 알고 있다. 다음 글에서는 이 막대한 이윤이 과연 어디서 나오는지 살펴볼 것이다.

마르크스와 《자본론》 ③ :
이윤은 어디서 나오는가

지난 글에서는 상품의 가치가 그 상품을 만드는 데 들어간 노동 시간에 비례함을 알아보았다. 상품을 생산하는 것은 '산 노동'(노동 자들이 방금 막 투입한 '신선한' 노동)과 '죽은 노동'(원자재, 기계 등 에 집적된 과거의 노동)이다.

예컨대 어떤 신문이 한 시간의 산 노동(인쇄 기사들의 노동)과 두 시간의 죽은 노동(종이와 윤전기 등)으로 생산된다고 하자. 이 신문 은 세 시간의 노동에 상응하는 액수에 팔릴 것이다.

신문사 사장은 원자재 비용과 생산 과정에서 마모되는 기계에 대 한 비용을 치러야 한다. 즉 그는 두 시간의 노동에 상응하는 액수를 지불해야 하는 것이다.

———

조셉 추나라. 〈맞불〉 75호, 2008년 2월 21일. https://wspaper.org/article/5007.

두 시간분을 지불하고 나면 사장에게 남는 것은 한 시간분의 금액이다. 그러나 사장은 아직 노동자들에게 임금을 지급하지 않았다.

과연 그는 임금으로 얼마를 지급할까? 바로 이 대목에서 마르크스는 스스로 《자본론》의 '가장 탁월한 것 중 하나'라고 여긴 통찰을 제시한다.

노동자들은 한 시간의 노동에 상응하는 부가가치를 창출했다. 그러나 자본가는 노동자들이 생산한 가치만큼 임금을 지급하지 않는다.

자본가가 임금을 주고 사는 것은 오직 노동자들의 '노동력', 즉 그들의 노동할 수 있는 능력이지, 그들의 노동 자체가 아니다.

노동력의 가치, 달리 말해 임금의 가치는 그저 노동력을 재생산하는 데 필요한 의식주, 기타 재화, 서비스의 가치다.

노동력의 가치는 시대와 사회에 따라 다를 수 있다. 그러나 자본주의 사회에서는 대체로 노동자가 생산하는 가치보다 노동력의 가치가 훨씬 작다.

신비화

앞의 사례로 돌아가서, 신문사 노동자들이 하루 1천 시간의 노동을 투입한다고 가정하자.

만약 한 시간 노동의 가치가 2만 원이라면 2천만 원의 부가가치가 새로 창출되는 것이다. 그런데 그날 지급된 임금 총액이 1천만 원이라면 창출된 가치의 절반만이 노동자들에게 돌아간 것이다.

이렇게 해서 자본가는 1천만 원어치의 '잉여 가치'를 획득하고, 그것이 그의 이윤이 된다.

바로 여기에 착취의 기초가 있다. 노동자들은 자신들이 창출한 가치를 지급받는 것이 아니라 단지 임금을 지급받을 뿐이다.

물론 이러한 착취 과정도 자본주의 하에서 일어나는 다른 수많은 일들과 마찬가지로 은폐되고 신비화된다.

우선 노동자 자신도 노동 시간 중에서 자신의 임금으로 돌아올 부분과 사장의 이윤으로 갈 부분을 구분하기 어렵다. 자본주의적 착취는 월급 봉투의 탈을 쓰고 있는 것이다.

마르크스도 지적했듯이, '노동자를 24시간 먹여 살리는 데 필요한 노동시간이 반나절뿐이라 해도 노동자가 하루 종일 일해야 한다는 사실에는 아무런 변함이 없다.'

자본가들 역시 생산 과정에 대해 마르크스처럼 생각하지 않는다. 자본가들 눈에는 기계와 원자재도 산 노동과 똑같은 이윤의 원천이다.

그러나 마르크스의 일차적 관심사는 자본가와 노동자의 사고 과정이 아니라 자본주의의 객관적 운동 법칙이었고, 이에 대한 마르크스의 분석은 자본주의와 착취가 서로 불가분의 관계임을 밝혀냈다. 달리 말해, 착취를 끝장내려면 자본주의를 타도해야 한다.

그러나 자본주의의 틀 내에서도 착취에 대항하는 싸움들이 벌어지며, 이러한 싸움을 통해 노동계급은 자신감과 조직력을 키울 수 있다.

자본가들이 잉여가치를 불리는 방법 하나는 노동자들을 더 오래, 더 열심히 일하게 하는 것이다.

마르크스는 이를 '절대적 잉여가치의 증대'라고 불렀다. 이러한 시도는 노동시간이나 노동 강도를 둘러싼 싸움을 초래한다.

마르크스는 또한 노동자들이 오래, 열심히 일하는 데에도 한계가 있다는 점을 인식했다.

그는 자본주의가 발전할수록 '상대적 잉여가치'가 더 중요해질 것이라고 지적했다.

사회 전체의 기술 수준이 높아질수록 상대적 잉여가치도 함께 증대한다. 기술 수준이 높아지면 노동자들에게 필요한 상품들이 값싸지고, 그에 따라 노동시간에서 노동자에게 돌아오는 임금만큼의 가치를 생산하는 데 필요한 시간이 더 짧아지며 자본가는 그만큼 더 많은 잉여가치를 획득하게 된다.

지금까지는 자본주의의 핵심적 대립인 노동자/자본가 간의 대립에 대해 살펴봤다. 다음 주에는 자본주의에 내재한 또 한 가지의 대립, 즉 총잉여가치의 더 많은 부분을 차지하기 위해 경쟁하는 자본가들 사이의 대립을 살펴보기로 하자.

마르크스와 《자본론》 ④ :
왜 자본주의에서 경제 위기는 필연인가

이전 글에서는 자본주의의 기초를 이루는 근본적인 분열, 즉 생산을 통제하는 자본가 계급과 자신의 노동력을 팔아야만 하는 노동자 계급 간의 분열에 대해 살펴봤다.

그러나 이 체제에는 또 한 가지 분열이 존재한다. 서로 경쟁하는 자본가들 사이의 분열이 그것이다. 이들은 착취의 전리품과 시장 지분을 놓고 서로 끊임없이 싸운다.

이들 사이의 경쟁은 생산 과정에 반영된다. 자본가들 사이의 경쟁 방식 가운데 중요한 것 하나는 벌어들인 이윤의 일부를 재투자하는 것이다. 특히 더 크고 빠르고 성능 좋은 기계에 대한 투자가 일반적이다.

마르크스가 '자본 축적'이라고 부른 이 과정 덕분에 자본주의는

조셉 추나라. 〈맞불〉 76호, 2008년 2월 28일. https://wspaper.org/article/5035.

역사상 가장 역동적인 경제 체제가 됐다. 또한 이 때문에 자본주의는 역사상 가장 파괴적인 체제이기도 하다. 경쟁자들만큼 노동자들을 혹독하게 쥐어짜지 못하는 자본가는 이윤이 줄어들어 결국 도태된다.

그렇기에 작업장 안전이나 연금 또는 환경보호 규정처럼 이윤에 걸림돌이 되고 자본 축적을 방해하는 요인들은 모두 [폐지되거나 완화돼야 한다는] 압박을 받는다.

이윤과 축적을 향한 자본주의의 눈먼 질주는 위기를 촉발하기도 한다.

자본주의 하에서는 인간의 필요보다 이윤이 먼저이고 사회의 수요를 충족시키기 위한 총체적인 계획이 없기 때문에 혼란과 무질서가 시장을 지배한다.

자본가들은 이윤이 생길 수 있는 곳이라면 어디든 우르르 몰려가서 투자한다.

이 때문에 갑자기 제품이 팔리지 않고 창고에 쌓이는 '과잉 생산' 위기가 발생할 수 있다.

그렇게 되면 기업은 생산을 중단하고 납품업체는 파산한다. 노동자는 일자리를 잃고 소비재 생산 기업도 타격을 입는다.

주기적으로 나타나는 이러한 위기의 근원에는 더 근본적인 경향이 작용하고 있다. 이전의 글에서도 살펴봤듯이, 마르크스는 '산 노동'과 '죽은 노동'을 구별했다.

산 노동은 가치를 창출하지만 죽은 노동은 그러지 못한다.

그러나 자본주의 하에서 축적은 보통 산 노동에 대한 죽은 노동의 비율을 높이는 방식으로 이루어진다.

다섯 명의 노동자들이 단순하고 값싼 기계로 하루에 자동차 한 대를 만든다고 가정하자.

그들이 몇 년 뒤에 더 비싼 최신 기계로 하루에 자동차 열 대를 만든다 해도 그들이 투입한 산 노동의 총량은(따라서 창출되는 가치는) 이전과 동일하다.

물론 개별 자동차의 가치는 하락한다. 각각의 차에 투여된 산 노동의 양이 줄기 때문이다.

한편, 새로 들인 기계가 이전의 것보다 10배 내지 1백 배 비싸다고 치자. 그렇다 해도 자본가가 버는 이윤이 늘어나지는 않는다. 오히려 자본가가 투자한 액수에 비해서는 상대적으로 작아진다. 즉 '이윤율'이 하락한 것이다.

물론 새 기계에 맨 처음 투자한 자본가는 가격 경쟁에서의 우위로 경쟁자들을 따돌리고 시장 점유율을 더 높일 수 있다.

그러나 다른 경쟁자들이 너도나도 새 기술을 채택함으로써 결국 최종 생산품의 가격은 더 낮은 수준으로 떨어진다.

이윤율은 계속 떨어지지는 않는다. 《자본론》 제3권에서 마르크스는 이윤율 저하를 상쇄하는 여러 요인들을 지적했다.

하지만 대다수 선진국에서 이윤율은 지난 수십 년 동안 하락하는 경향을 보였고, 현재는 제2차세계대전 직후의 호황기에 비해 한참 낮은 상태다.

이윤율이 하락하면 체제 전체[세계 자본주의]의 건강에 적신호가 온다.

자본가들 사이의 경쟁은 격화하고, 자본가들의 뒤를 봐주는 국가들 간의 경쟁도 격심해지면서 경제적 갈등뿐 아니라 군사적 갈등도 고개를 든다.

노동자들은 더 심하게 쥐어짜이고, 이전 세대의 노동자들이 당연하게 여겼던 권리들(연금, 의료 서비스, 무상교육 등)이 공격받는다.

또한, 기성 정당들이 대중의 염원에 부응하지 못함에 따라 정치도 극우파와 극좌파 사이에서 양극화된다.

파시즘, 대량 실업, 전쟁으로 얼룩진 1930년대는 자본주의의 위기가 어떤 야만을 잉태할 수 있는지 똑똑히 보여 줬다.

현 시기는 1930년대보다 경제 위기가 더 질질 늘어지고 있다. 1930년대와 동일한 측면들이 있지만 그 전개 속도는 더 느린 것이다.

또, 이번 위기가 1930년대처럼 대참사를 통해 해결되고야 말 것도 아니다.

1930년대와는 전혀 다른 시나리오로서, 자본주의의 부를 창조하는 자들이 그 부를 장악해 자본가들과는 전혀 다른 목적을 위해 사용하는 식으로 해소될 수도 있다. 마르크스의 《자본론》은 이를 위한 투쟁의 지침서다.

《자본론》 코드 풀기

오늘날 많은 사람들이 자본에 대해 얘기합니다. 그 이유 하나는 올해 초 영어로 출간된 책 한 권입니다. 그 책은 프랑스인 경제학자 토마 피케티가 쓴 《21세기 자본》입니다. 주류 언론이 이 책에 대해 여러 논평을 내놓았습니다.

이 책에 관해 조금 말씀드리겠습니다. '21세기 자본'이라는 책 제목은 사실 마르크스의 걸작 《자본론》을 염두에 둔 것입니다. 피케티는 마르크스주의자가 아니고, 그 스스로도 마르크스의 《자본론》을 읽지 않았다고 했습니다. 하지만 책 제목을 '21세기 자본'이라고 지은 것을 보면, 피케티는 19세기에 마르크스가 했던 일을 21세기에 해 보겠다는 야심이 있었던 듯합니다.

마르크스의 《자본론》은 단지 19세기뿐 아니라, 21세기에도 마찬

알렉스 캘리니코스. 〈노동자연대〉 134호, 2014년 9월 20일. https://wspaper.org/article/14920. 이 글은 캘리니코스가 2014년 8월 8일 '맑시즘2014'에서 강연한 "《자본론》 코드 풀기"를 녹취한 것이다.

가지로 유용한 책입니다. 많은 사람들이 이 사실을 인정합니다. 데이비드 하비의 《맑스 자본 강의》(강신준 옮김, 창비 출판, 2011)가 큰 인기를 얻은 것을 보면 알 수 있습니다.

데이비드 하비처럼 저도 마르크스의 《자본론》이 왜 오늘날의 현실에도 잘 들어맞는지를 제 책(*Deciphering Capital*, Bookmarks Publication, 2014)에서 밝혔고, 오늘 강연에서도 말씀드리겠습니다. 제 책의 제목은 '《자본론》 코드 풀기'인데, 이중적 의미가 있습니다. 여기서 '자본'은 마르크스의 저작을 가리킬 수도 있고, 그 저작이 다룬 대상, 즉 자본주의 경제 체제를 가리킬 수도 있습니다.

제 책에는 《자본론》을 어떻게 이해할지에 관한 설명이 많습니다. 《자본론》은 오늘날 자본주의를 이해하는 데 필요한 수단이기 때문입니다. 오늘은 《자본론》보다는 자본주의에 초점을 더 맞추려고 합니다. 물론 《자본론》에 대해서도 얘기할 것입니다.

오늘날 왜 자본에 관한 얘기가 많을까요? 피케티의 《21세기 자본》이 왜 그토록 큰 영향력을 발휘할 수 있을까요? 답은 2007년 8월 세계경제 위기가 시작된 지 올해로 정확히 7년이 됐지만 아직 진행 중이기 때문입니다.

정말 바보가 아니고서는 경제 위기가 끝났다고 말하지 못합니다. 많은 주류 경제학자들도 세계 자본주의가 여전히 심각한 위기에 빠져 있음을 시인합니다. 예컨대 그들은 새로운 경제 침체의 시대에 대해 말합니다. 마르크스주의 경제학자 마이클 로버츠가 쓴 장기 불황 개념과 크게 다르지 않은 내용입니다. 장기 불황은 오랜 기간 경제 성장 속도가 매우 느리고 때로는 경제가 수축하는 상황을 뜻합니다.

사람들이 자본을 그토록 많이 거론하는 데는 또 다른 이유도 있습니다. 지금의 시기가 경제 위기 시기일 뿐 아니라, 경제적 불평등이 커지는 시기이기도 하다는 점입니다.

불평등

심지어 세계 자본주의의 대주교라고 할 수 있는 IMF 같은 기구들조차 불평등이 너무 심하다는 사실을 인정합니다. 대다수 사람들의 생활수준은 계속 하락하는 반면, 극소수는 점점 더 부유해집니다. 예컨대 제가 살고 있는 런던은 백만장자 수가 세계에서 가장 많은 도시입니다. 지금은 영국 정부가 러시아에 경제 제재를 가한다고 하는 상황인데도 많은 러시아 갑부들이 거액을 들여 영국 비자를 구입합니다.

세계경제 위기와 사회적 불평등의 심화가 결합되면서 정치경제학에 비판적인 사상에 대한 관심이 되살아나고 있습니다. 달리 말해, 주류 경제학은 무용지물임이 판명났습니다. 이 자리에 경제학 학위가 있는 분이 있다면 미리 사과드리겠습니다. 경제학 학위는 '나는 경제에 대해 아는 것이 하나도 없소이다' 하는 것을 증명해 주는 증서와 다름없습니다.

주류 경제학의 눈으로 보면 경제 위기는 일어날 수가 없는 일입니다. 주류 경제학은 현재의 위기를 예측하지 못했습니다. 이미 여러

해가 지났는데도 위기의 원인을 설명하지 못합니다.

이런 맥락에서 마르크스가 《자본론》의 부제로 '정치경제학 비판'을 쓴 것은 적절해 보입니다. '정치경제학 비판'이라는 말로써 마르크스가 단지 당시 정치경제학을 비판하기만 한 것은 아닙니다. 마르크스는 정치경제학을 비판하는 것을 통해 경제 체제로서 자본주의의 동역학을 더 잘 이해하고자 했습니다.

이런 맥락에서 피케티의 저작을 논하는 것이 유용합니다. 피케티는 주류 경제학에 문제가 많다는 것을 이해합니다. 매우 추상적이고 몰역사적이라는 것 등의 문제이죠. 그러나 여러 면에서 피케티 자신도 주류 경제학의 이론적 틀에 갇혀 있습니다.

피케티는 무엇을 말했을까요? 피케티 책의 주요 강점은 경험적 자료를 한데 모았다는 것입니다. 피케티는 다른 경제학자들과 공동으로 작업하면서 선진국의 불평등 문제를 심도 있게 연구했습니다. 이 연구를 통해서 그가 밝혀 낸 것은 지난 2백 년 동안의 자본주의 역사 내내 불평등 수준이 매우 높았다는 사실입니다.

불평등 수준은 대략 1백 년 전인 20세기 초에 최고조에 이르렀습니다. 피케티가 사용하는 주요 지표 하나는 국민소득과 자본의 양의 관계를 나타낸 '자본/소득 비율'입니다. 자본/소득 비율은 1914년에 6백~7백 퍼센트로 최고점에 이르렀습니다. 당시 사회의 부는 대부분 상속된 것이었습니다. 다른 사람들보다 압도적으로 많은 부를 가진 부자들은 그 부를 자식들에게 물려 줬습니다.

피케티는 이런 패턴이 20세기 전반기에 조금 바뀌었다는 것을 보여 줍니다. 세계 대공황과 양차 세계대전이 그런 부의 규모를 축소시켰습니다. 특히 전쟁을 수행해야 했던 각국 정부들은 세금을 더 많이 걷었고, 그래서 부자들이 물려 줄 수 있는 부가 조금 줄었습니다. 그러다가 20세기 후반기에 들어서, 특히 신자유주의 시대를 거치며 불평등이 다시 커졌습니다.

피케티는 현재의 추세가 역전되지 않으면 불평등이 1914년 이전 수준으로 돌아갈 것이라고 예측합니다. 즉, 부자들이 자식들에게 물려 주는 부가 경제 전체를 쥐락펴락하는 수준으로까지 갈 것이라는 뜻입니다.

피케티의 수치

이런 경험적 분석은 매우 효과적이고 설득력이 있습니다. 영국의 주요 친기업 신문 〈파이낸셜 타임스〉는 피케티가 제시한 수치를 반박하려다 누워서 침 뱉는 꼴이 됐습니다. 심지어 대다수 주류 경제학자들조차 〈파이낸셜 타임스〉가 틀렸음을 인정했습니다.

피케티가 제시한 수치들은 좋습니다. 그러나 피케티의 약점은 이 수치들을 꿰서 설명하는 방식에서 비롯합니다. 피케티는 불평등의 증가를 아주 단순하게 설명합니다. 'r이 g보다 크다'라는, 이제는 많이 알려진 공식으로 설명합니다. r은 자본수익률로, 자본을 투자해서 버는 수익이 얼마인지를 나타내는 수치입니다. 마르크스는 이것을 이윤율이라고 불렀습니다. g는 경제성장률로, 한 나라 경제의 산출량이 얼마나 늘었는지를 나타내는 수치입니다.

피케티는 자본수익률이 경제성장률보다 대체로 더 높다고 말합니다. 이 말이 사실이라면, 부자들은 계속해서 더 부유해질 것입니다. 부자들이 소비를 경제성장률만큼 늘리더라도 이윤은 여전히 남습니다. 부자들이 그 남은 이윤을 저축한다면 자본의 규모가 커지고 국가 경제의 규모보다 자본이 더 커집니다. 그래서 부자들의 경제적 비중이 나머지 사람들에 견줘 더 커집니다.

제가 조금 간단하게 말씀드렸지만, 피케티의 분석이 불평등의 증가를 기계론적으로 설명한다는 느낌이 드실 것입니다. 불평등의 증가를 이런 식으로 설명하는 것은 사태를 너무 단순하게 보는 면이 있습니다. 이는 피케티가 여러 면에서 여전히 주류 경제학의 틀을 벗어나지 못해서 생기는 문제입니다.

예를 들어, 다른 경제학자들처럼 피케티도 전쟁과 경제 위기가 자본주의 경제 체제의 발전과 긴밀히 연관돼 있음을 보지 않습니다. 전쟁과 경제 위기는 자본주의 외부로부터 오는 충격이라는 것입니다. 그냥 우연히 생기는 불운처럼 여기는 것입니다.

이런 주장은 별로 설득력이 없습니다. 마치 제1차세계대전과 대공황을 하늘에서 뚝 떨어진 것으로 보기 때문입니다. 반면, 마르크스주의자들은 제1차세계대전, 대공황, 최근의 경제 위기가 자본주의에 내재한 모순과 자본주의 열강들 사이의 경쟁에서 비롯한 것으로 봅니다.

문제는 자본 개념 자체와 관련 있습니다. 피케티는 갖가지 부를 모두 자본으로 봅니다. 공장·주택·귀금속 등 돈이 되는 것은 무엇이든 자본이 될 수 있다는 것입니다.

자본은 사회적 관계

마르크스는 자본을 전혀 다르게 규정했습니다. 마르크스가 보기에 자본은 사회적 관계입니다. 그는 '자본은 특정 사물이 아니다' 하고 힘주어 주장했습니다. 마르크스는 토지나 설비 등이 자본이라고 본 당시 주류 경제학자들에게 반대했습니다. 마르크스는 '그런 것들은 그저 생산에 사용될 수 있는 요소들일 뿐'이라고 했습니다.

오늘날 경제 체제를 규정하는 자본은 사회적 관계입니다. 더 정확히 말해, 자본은 아주 핵심적인 두 가지 관계로 규정됩니다.

첫째, 자본과 임금노동의 관계입니다. 자본주의 경제 체제를 규정하는 가장 핵심적인 관계는 자본가와 노동자 사이에 존재하는 착취 관계입니다. 자본가(기업)들이 노동자들에 대해 가지는 핵심적 우위는 엄청난 액수의 자금이 있다는 것입니다. 반면, 노동자들은 오직 일할 능력, 즉 노동력밖에 가진 것이 없습니다. 이것이 자본주의 사회에서 가장 중요한 불평등입니다 노동자들은 자본가에게 자신의 노동력을 팔아야만 생존할 수 있습니다.

마르크스는 돈에 힘이 있다고 했는데, 자본가들은 그 돈 덕분에 노동자들을 착취할 수 있습니다. 달리 말해, 착취는 노동자로 하여금 이윤(마르크스의 말로 잉여가치)을 창출하는 노동을 하도록 강요하는 것을 뜻합니다.

자본주의를 규정하는 또 다른 중요한 관계는 자본가들 사이의 관계입니다. 마르크스는 자본은 오로지 많은 자본들('다수 자본')로서만 존재할 수 있다고 했습니다. 달리 말해, 자본가 계급은 조화롭게 통합돼 있는 단일 집단이 아닙니다. 오히려 자본가들은 '서로 다투는 형제들'이라고 마르크스는 말했습니다. 그들은 절도 행각을 함께 벌이는 데서는 공통의 이해관계가 있는 도적떼와 같습니다. 그런데 그들은 절도에 성공한 뒤에는 그것을 어떻게 분배할지를 두고 서로 싸웁니다.

그들 내부 다툼의 형태는 경쟁입니다. 자본주의는 착취에 바탕을 두고 경쟁에 의해 추동되는 체제입니다. 자본가들이 노동자들을 착취해서 자본을 축적하는 것은 그들이 단지 사악하고 탐욕스러워서가 아닙니다. 물론 사악하고 탐욕스러울수록 자본가로서 생존하는데 유리하겠지만 말이죠. 자본가들이 노동자들을 착취하지 않으면, 그래서 자본을 축적하지 않으면 결국 경쟁자들에게 밀려날 것입니다.

어제 개막식에서 삼성전자서비스 노동자의 연설을 들었는데요. 만약 삼성이 이제는 노동자들을 잘 대해 주겠다며 노동자들로부터 추출하는 잉여가치를 줄인다고 한다면, 삼성에 대한 애플의 우위가 점점 더 강해질 것입니다.

착취와 경쟁

자본이 이처럼 착취와 경쟁이라는 두 가지 관계를 근간으로 한다는 점을 이해하는 것은 오늘날의 현실을 이해하는 데 큰 도움이 됩니다. 피케티는 이것을 이해하지 못합니다.

많은 마르크스주의적 좌파들도 자본의 본질이 관계라는 것을 이해하지 못합니다. 예를 들어, 《제국》을 쓴 토니 네그리와 마이클 하트가 그렇습니다. 그들은 자본을 그저 기생적인 사물로만 봅니다. 그와 별도로 다른 한편에서 사람들이 창조적 생활을 한다고 합니다. 그리고 어찌어찌해서 자본이 사람들의 창조적 활력을 빨아먹으며 기생충처럼 몸집을 키울 수 있다고 합니다.

그러나 현실을 전혀 그렇지 않습니다. 자본은 일련의 적대 관계를 뜻합니다. 이 적대 관계 속에서 노동자와 자본가는 서로 의존하는 동시에 서로 투쟁합니다.

자본의 본질을 이렇게 이해하지 못하는 것이 낳는 치명적 결과는 자본주의 체제의 동역학을 이해하지 못한다는 것입니다. 피케티가 그렇습니다.

피케티가 상정한 자본주의에서는 실질적으로 변하는 것은 아무것도 없습니다. 그는 자본 개념을 이상하게 규정했고, 그래서 그가 말한 자본수익률은 자본주의 역사뿐 아니라 지난 수천 년 동안 변하지 않은 것이 됩니다.

그러나 자본 개념을 마르크스처럼 이해하면 완전히 다른 그림을 볼 수 있습니다. 자본주의 역사 자체가 앞에서 언급한 두 가지 적대 관계에 의해 변해 왔습니다. 이 말은 자본주의가 계속해서 조방적으로, 그리고 집약적으로 성장한다는 뜻입니다.

자본주의는 경쟁적 축적 체제입니다. 자본가들은 경쟁자들을 더 효과적으로 물리치기 위해 투자를 합니다. 그 속에서 자본가들은 전 세계를 돌아다니며 노동력·시장·원료를 차지하려 애쓸 수밖에 없습니다. 이것이 자본주의의 조방적 성장, 즉 양적 확장을 추동합니다.

지난 몇십 년 동안 자본주의의 조방적 성장이 일어난 주된 무대는 동아시아였습니다. 그 시작은 남한과 타이완이었습니다. 나중에는 중국으로 확산됐습니다. 이제는 베트남과 타이 등지로도 퍼지고 있습니다.

자본주의는 집약적으로도 성장합니다. 집약적 성장은 달리 말해, 개별 국가 경제 내에서 일어나는 것으로, 대중을 자본의 착취적 힘에 더 깊숙이 밀어넣는 것을 뜻합니다. 한국에서도 마찬가지이겠지만, 영국에서 벌어지는 공공부문에 대한 공격은 착취를 강화하려는 노력의 일부입니다.

이 과정은 위기를 낳기도 합니다. 경제 위기는 설명할 수 없는 현상이거나 외부로부터 오는 충격이 아닙니다. 경제 위기는 자본주의 발전 과정에 내재한 장애물입니다.

마르크스가 자본주의 경제 위기를 설명하는 방식은 좀 복잡합니다. 그러나 경제 위기의 요인으로 마르크스가 가장 중요하다고 강조한 것은 이윤율 저하 경향입니다. 즉, 피케티와는 달리 자본주의에서 자본수익률이 일정하지 않다는 것입니다. 오히려 그것은 등락을 거듭하는데, 이것이 중요한 경제적 결과를 낳습니다.

앞에서 말했듯이, 경쟁 때문에 자본가들은 생산을 효율화하는 데 이윤을 재투자합니다. 그래서 시간이 지날수록 생산수단, 즉 기계류나 기술에 대한 투자가 더 많아집니다. 생산에 로봇을 더 많이 이용하게 되는 것이 이 경향의 한 사례입니다.

그런데 문제는 이윤의 원천이 노동자들의 '산 노동'이라는 것입니다. 그래서 결국에는 이윤을 창출하는 노동자에 대한 투자보다 전반적 투자가 더 빨리 커지는 경향이 생깁니다. 그 결과 이윤율이 떨어집니다. 이것이 현재 경제 위기의 근저에 있는 현상입니다.

한국 정부든 영국 정부든 하는 얘기는 다르지 않을 것입니다. '돈이 없으니 우리는 허리띠를 졸라매고 근검절약해야 한다'는 것이죠. 말도 안 되는 소리입니다. 지난해 전 세계 최상위 2천 개 기업이 투자하지 않고 사내에 쌓아 놓은 돈이 4조 5천억 달러였습니다. 달리 말해, 경제가 정체하고 있는 것은 자본가들이 투자하지 않기 때문이고, 자본가들이 투자하지 않는 것은 이윤율이 낮기 때문입니다.

상호 의존 관계

자본 관계 발전의 동역학에서 비롯하는 가장 근본적인 결과는 다음과 같습니다.

앞에서 말했듯이, 자본 관계는 자본과 임금노동의 상호 의존 관계입니다. 노동자들이 생존하려면 자본가들이 노동자를 고용해야 합니다. 반대로, 자본가들도 이윤을 창출하려면 노동자가 필요합니다.

그래서 자본주의가 성장할수록, 그리고 특히 위기가 닥치면, 자본과 임금노동 사이의 적대도 마찬가지로 더 커집니다. 이것은 현재 동아시아에서 특히 두드러집니다. 삼성전자서비스 노동자들이 스스로 노조를 만들고 조직화하기 시작한 것도 이런 적대가 성장하는 것을 보여 주는 사례입니다. 또한 노동계급의 이익을 대변하는 정당이 통치한다는 중국·베트남·캄보디아 등지에서도 이런 적대의 성장을 볼 수 있습니다. 노동자들이 파업을 벌이고 거리 시위를 벌이는 일이 점점 더 흔해지고 있습니다.

이제 이처럼 자본을 관계로서 이해할 때 도출되는 중요한 정치적 결론을 말씀드리겠습니다. 제가 '《자본론》 코드 풀기'를 쓴 이유는 너무나 많은 마르크스주의자들이 자본을 관계로 이해하지 못하기 때문입니다.

자본을 관계로서 이해하는 것은 정치적으로 중요합니다. 왜냐하면 자본가들이 서로 경쟁하는 관계에 있다는 것을 이해해야 자본가들이 체제를 배후에서 다 좌지우지하는 것으로 오해하지 않을 수 있기 때문입니다. 그들은 그저 맹목적으로 서로 경쟁하고 투쟁합니다. 자본가들이 맹목적으로 쟁투를 벌이므로 자본주의 체제가 불안정에 빠지고 전쟁이 일어납니다.

자본주의의 더 핵심적인 관계인 착취는 훨씬 더 근본적인 의미가 있습니다. 즉, 자본가들이 노동자들에게 훨씬 더 크게 의존한다는 뜻입니다. 노동자들은 자본주의를 전복할 잠재력이 있습니다. 자본이라는 관계를 끝장내는 것도 바로 이 노동자들의 손에 달려 있습니다. 오로지 필요한 것은 노동자들이 이 힘을 자각하고 사용하는 것입니다.

혁명적 사회주의도 따지고 보면 결국 노동자들이 자신들의 힘을 자각하고 사용해서 체제를 무너뜨리도록 돕고 촉진하는 것입니다.

정리발언

어떤 분이 마르크스의 자본 개념을 다시 설명해 달라고 하셨습니다. 마르크스의 개념과는 대조적으로 주류 경제학자들은 이윤을 추출할 수 있는 요소를 모두 자본으로 봅니다. 피케티도 이런 규정을 받아들여, 예컨대 부동산도 자본이라고 봅니다.

하지만 마르크스는, 무언가가 이윤을 벌어다 주는 자본이 되는 것은 오로지 매우 특수한 경제 관계에서만 가능하다고 했습니다. 그 관계는 첫째, 가장 핵심적으로는 자본과 임금노동의 관계인 착취입니다. 둘째, 축적과 경제 위기를 낳는 자본들 사이의 경쟁입니다.

옛 소련에 마르크스의 자본 개념이 적용될 수 있는가

이런 자본 개념은 이른바 '사회주의' 국가들에도 적용할 수 있습니다. 옛 소련을 보면, 자본 관계의 첫 번째 측면인 자본과 임금노동의 관계를 확인할 수 있습니다. 그것도 극단적인 형태로 존재했습니다. 노동자들은 원자화돼 있었고, 노동조합이 없었고, 국가 관료인 경영진에게 극도로 착취당했습니다.

자본 관계의 두 번째 측면인 자본들 사이의 경쟁은 어땠을까요? 크게 봐서 이 관계는 옛 소련 내에는 존재하지 않았습니다. 왜냐하면 공산당과 국가의 관료들이 경제를 통제했기 때문입니다. 그러나 공산당과 국가의 관료들이 경제를 운용하는 데서 완전히 자율적이었던 것은 아닙니다. 그들은 매우 강력한 경쟁 관계에 종속돼 있었습니다. 이 경쟁은 미국과의 지정학적 경쟁이었습니다.

냉전 때 옛 소련은 미국과 군사적으로 경쟁했습니다. 군사력을 양성하는 데 필수적으로 필요한 중공업을 구축하려면 매우 높은 수준의 축적이 필요했습니다. 어떤 분이 옛 소련에서는 그래서 혁신이 없었냐고 질문하셨는데, 그렇지는 않습니다.

오늘날 러시아 국가는 해킹 기술이 뛰어납니다. 우크라이나 총리가 러시아 정보기관으로부터 해킹을 당했다고 주장한 적이 있습니다. 러시아의 해킹 능력이 뛰어난 이유는 옛 소련 시절 국방 목적으로 IT 산업이 육성됐고, 그 과정에서 IT 인재들이 양성됐기 때문입니다.

옛 소련이 붕괴한 것은 근본적으로는 미국 경제가 언제나 소련 경제보다 훨씬 더 크고 더 선진적이었기 때문입니다.

소련 붕괴 이후 러시아에서 등장한 것은 국가자본주의와 자유시장 자본주의가 혼합된 체제였습니다. 이 혼합된 체제는 중국에서는 국가의 통제를 더 많이 받는 형태를 띠었습니다.

데이비드 하비의 '과정으로서 자본' 개념

다음으로 마르크스를 해석하는 방식에 대해 말씀드리겠습니다. 한 분이 데이비드 하비의 '과정으로서 자본' 개념에 대해 질문하셨습니다. 다른 분이 말씀하셨듯이, 그 개념은 특히 마르크스의 《자본론》 제2권에 나오는 것입니다.

마르크스는 《자본론》 제2권에서 자본의 순환을 분석했습니다. 화폐자본, 생산자본, 상인자본. 마르크스가 자본을 순환하는 과정으로 봤다는 것은 완전히 사실입니다.

이 순환에서 자본가들은 자금을 투입해 노동자를 착취하고, 운이 좋으면 더 많은 자금을 가지고 순환의 끝에 도달합니다. 하비의 개념은 옳은 것이지만, 자본을 관계로 볼 때만 그것을 제대로 이해할 수 있습니다. 자본은 과정이지만, 그 전에 관계입니다.

한 분이 자본 일반과 많은 자본들('다수 자본')의 구분에 대해 말씀하셨습니다. 이것은 마르크스가 《그룬트리세》(정치경제학 비판 요강)에서 말한 것으로, 자본의 본질(자본 일반)과 자본들 사이의 경쟁적 투쟁 과정(많은 자본들)의 구분을 뜻합니다.

그러나 《자본론》을 포함해 그 뒤에 쓴 글들에서 마르크스는 다소 단순하게 경쟁을 자본의 본질이라고 말합니다. 그리고 마르크스는 이에 대해 양면적이었지만 경쟁에 관한 논의를 점점 더 자본 일반에 대한 분석에 통합시켰습니다.

자본가들은 왜 경쟁하는가

그래서 저는 경쟁 자체에 대해 말씀드리겠습니다. 어떤 분이 자본가들은 왜 맹목적으로 경쟁하느냐고 질문하셨습니다. 핵심적으로, 체제의 개별 단위들, 즉 개별 자본, 개별 기업, 그리고 때때로 개별 국가가 오로지 자기 이익을 챙기는 데만 관심이 있기 때문입니다.

마르크스는 《자본론》 제1권에서 하루 노동시간을 법으로 제한하기 위해 결국 국가가 개입할 수밖에 없었다고 지적했습니다. 노동자들을 계속해서 장시간 일 시키는 방식은 19세기 영국에서는 점점 더 효율성이 떨어지고 있었습니다. 그래서 자본가 계급 전체의 입장에서 볼 때 하루 노동시간을 법으로 제한하는 것이 필요했습니다. 하지만 어떤 개별 자본가가 혼자서 노동시간을 줄였다면 그는 시장에서 퇴출됐을 것입니다. 이처럼 자본가들 전체에게 이익이 되는 조처를 도입하는 데는 국가의 개입이 필요했습니다.

이런 행태는 오늘날 기후변화와 관련해서 발견할 수 있습니다. 이산화탄소 배출을 줄이는 것은 자본가 계급 전체는 물론이고 인류 전체에게 이로운 일입니다. 그러나 어떤 자본주의 국가가 나서서 먼저 이산화탄소 배출을 줄이면 그 국가는 다른 국가와의 경쟁에서 뒤처지게 될 것입니다. 그런데 이 경우에는 전 세계 자본주의 국가들을 강제할 만한 세계 정부가 없습니다.

경제 위기 발생

어떤 분이 자본들 사이의 경쟁이 왜 경제 위기를 낳느냐고 질문하셨습니다. 제가 방금 말씀드린 경쟁의 본질이 경제 위기를 낳는다고 답할 수 있습니다. 왜냐하면 자본가들은 각자의 이익만을 추구합니다. 그것이 체제 전체의 이익과 충돌하더라도 그렇습니다.

자본들 사이의 경쟁이 위기로 이어지는 것을 더 엄밀하게 설명해 주는 개념은 이윤율 저하 경향입니다. 자본가들은 단지 마음 내켜서 생산수단에 대한 투자를 늘리는 것이 아닙니다. 서로 주고받는 경쟁 압박 속에서 그렇게 하는 것입니다.

어떤 분이 이윤율 저하 경향과 금융의 관계에 대해 질문하셨습니다. 마르크스는 금융 위기에 큰 관심이 있었습니다. 마르크스는 금융시장에서 일어나는 호황과 공황의 순환이 자본 축적을 추동하고 위기를 일으키는 데 일조한다고 했습니다. 금융시장에서 거품이 일고 장밋빛 전망이 판칠 때는 더 큰 규모로 투자하기 쉬워집니다. 반면 금융시장이 공황에 빠지면 기업들이 대규모로 파산합니다.

이것은 경제 위기를 극복하는 데 도움이 됩니다. 왜냐하면 이윤율이 떨어진다는 것은 이윤에 견줘 자본이 너무 많다는 뜻이기 때문입니다. 이럴 때 자본가들은 이윤이 충분치 않아서 투자하지 않습니다. 그런데 금융 위기가 일어나 기업들이 파산하면, 이것은 자본을 파괴하는 데 도움을 주고, 그 덕에 이윤율이 회복됩니다.

어떤 분이 자본들이 경쟁만 하는 것이 아니라 담합을 하기도 한다고 말씀하셨습니다. 물론 사실입니다. 그러나 기업 간 담합이 경쟁을 종식시킬 정도로 일어나지는 않습니다. 레닌은 자본주의가 불균등하게 성장한다고 지적했습니다. 일부 기업이나 국가가 경쟁자들보다 더 빨리 성장하고 우위를 점할 수 있습니다. 이런 불균등 발전은 체제를 불안정하게 합니다. 즉, 경쟁이 더 심해지고 위기가 더 빈번히 일어난다는 뜻입니다.

기술 혁신과 노동계급 투쟁

마지막으로, 어떤 분이 생산과 더 일반적으로는 사회가 점점 더 디지털화되는 상황에서 마르크스는 시대에 뒤떨어지게 된 것 아니냐고 질문하셨습니다. 물론 마르크스는 인터넷을 몰랐습니다. 그러나 마르크스는 자본주의에서 노동자들의 힘을 약화시키기 위한 방편으로서 기술 변화가 어떻게 일어나는지를 잘 이해했습니다. 그는 19세기 영국에서 자동 방적기가 등장한 것을 예로 들어 설명했습니다. 그는 노동자들이 자동 방적기를 '아이언 맨'이라고 부르며 변화에 저항한 사례를 듭니다. 그런데 자본주의 역사를 죽 살펴보면, 기술 발전이 일부 노동자를 약화시켰지만, 다른 노동자들을 성장시켰음을 알 수 있습니다.

더 일반으로 말해, 자본가들은 노동자들이 자본가들을 사랑하게, 또는 자본주의를 사랑하게 만들 수 없습니다. 예컨대 영국에서는 사람들이 은행가와 정치인을 혐오합니다. 한국에서도 사정이 크게 다르지 않을 것입니다. 자본가들은 결코 우리로 하여금 자본주의에 열광하게 만들 수 없습니다.

그들이 할 수 있는 것은 기껏해야 우리가 이길 수 없다고 생각하게 만드는 것 정도입니다. 즉, 자본가들은 우리의 의식을 통제하지 못합니다. 단지 우리에게는 힘이 없다는 체념을 부추길 수만 있습니다.

마르크스는 이런 무기력은 오로지 실천을 통해서만 극복될 수 있다고 했습니다. 그래서 그는 계급투쟁을 중요하게 봤습니다. 오로지 계급투쟁을 통해서만 노동계급이 자신의 힘을 자각할 수 있기 때문입니다.

저는 1987년 남한 노동자들의 투쟁을 담은 사진을 본 기억이 아직도 납니다. 군부독재를 종식시킨 항쟁이었습니다. 그 사진에서는 난생 처음으로 자신의 힘을 자각한 노동자들의 표정이 생생하게 느껴집니다.

이제 독재자의 딸이 여러분을 통치하고 있습니다. 그러나 동시에 남한에서는 노동계급 투쟁도 되살아나기 시작한 듯합니다. 중요한 것은 이런 노동자 투쟁이 발전하도록 돕는 것입니다. 비록 그 투쟁이 처음에는 경제적 쟁점들을 놓고 시작됐더라도, 그 투쟁이 발전할수록 노동자들의 자신감과 힘이 더 강해질 것이기 때문입니다. 직접 투쟁하는 노동자들뿐 아니라 다른 노동자들도 그렇습니다. 이를 통해 노동자들은 박근혜뿐 아니라 박근혜가 대변하는 체제도 날려 버릴 수 있을 것입니다.

마르크스의 《자본론》, 어떻게 이해해야 할까?

마르크스의 《자본론》에 대한 관심과 논의가 되살아나고 있습니다. 이유가 무엇이라고 생각하십니까? 또, 당신은 왜 이 책을 써서 그 논의에 개입하고자 했습니까?

1990년대 이후 대중이 급진화하고 신자유주의에 맞선 저항이 일어난 것이 주요 요인입니다. 신자유주의와 자본주의를 비판하는 주장의 지적 토대는 초기에는 다양했습니다.

그런데 시간이 흐르면서 점점 더 마르크스주의의 정치경제학 비판으로 초점이 모아졌습니다. 그러다가 《자본론》에 대한 관심도 다시 살아난 것이죠. 데이비드 하비의 《자본론》 강독과 그 강의를 엮어

알렉스 캘리니코스 인터뷰. 〈노동자연대〉 129호, 2014년 6월 28일. https://
wspaper.org/article/14634. 영국의 반자본주의 월간지 《소셜리스트 리뷰》가 최근작
《자본론 코드 풀기: 마르크스의 자본론과 그 운명》을 출간한 알렉스 캘리니코스와
인터뷰한 내용이다.

낸 책[국역: 《맑스 『자본』 강의》, 창비, 2011]이 큰 관심을 끈 것을 보면, 마르크스의 《자본론》에 대한 관심이 높아졌음을 분명히 알 수 있습니다.

둘째 요인은 마르크스주의 정치경제학이 부흥하고, 《자본론》을 둘러싼 마르크스주의 학자들의 논의가 활발해진 것입니다. 이와 관계 있는 한 가지 현상이 MEGA(마르크스와 엥겔스 저작 전집) 출판 작업의 진척입니다. 이 작업 덕분에 마르크스가 쓴 미출간 원고를 점점 더 많이 볼 수 있게 됐습니다.

그래서 지금은 《자본론》을 탐구하기에 참 좋은 때입니다. 그리고 《자본론》 연구는 단지 학술적 관심에서만 이뤄지고 있는 것이 아닙니다. 자본주의에 무슨 일이 일어나고 있는지, 특히 2007~08년 대불황 이후 무슨 일이 일어나고 있는지 이해하려는 노력 속에서 이뤄지고 있습니다.

개인적으로 저는 《자본론》에 관심이 많았습니다. 저는 1970년대에 《자본론》을 주제로 박사 학위 논문을 썼습니다. 그동안 《자본론》을 다시 깊이 있게 탐구하고 싶었는데, 이번 책을 쓰면서 그럴 수 있었습니다.

당신의 신간 저서의 핵심 주장 하나는 자본을 관계로, 사회관계망으로 이해해야 한다는 것입니다. 그 개념을 강하게 강조하는 이유는 무엇입니까?

그래야 마르크스가 한 일을 제대로 이해할 수 있다고 보기 때문입니다. 마르크스는 1840년대 직후부터 쭉 자본은 어떤 사물이나 일정량의 화폐가 아니라 사회관계를 가리키는 것이라고 말합니다. 마르크스는 그 사회관계를 두 가지 차원으로 나눠 규정합니다.

첫째는 임금노동과 자본의 관계입니다. 이 관계에서는 노동자에게서 잉여가치를 추출하는 착취가 일어납니다.

둘째는 자본가들 사이의 관계입니다. 《자본론》의 초고인 《그룬트리세》(정치경제학 비판 요강)에서 마르크스는 "많은 자본들"이라는 말을 씁니다. 이 관계는 특히 라이벌 자본들 사이의 경쟁이라는 형태를 띱니다. 마르크스가 자본주의의 본질로 규정한 것이 바로 이 두 가지 관계와 그 두 가지 관계의 상호 연관입니다. 저는 이것이 매우 중요한 통찰이라고 봅니다.

그런데 《자본론》에 관한 논의들을 보면, 자본을 이렇게 이해하지 않는 경우가 많습니다. 하트와 네그리는 자본을 모종의 사물로, 즉 그들의 책에서 "다중"이라고 부른 사람들을 피 빨아 먹으며 기생할 뿐 별일을 하지 않는 요소로 제시합니다.

당신은 《자본론》을 해석하면서 마르크스가 영국의 걸출한 고전파 경제학자 데이비드 리카도와 대결한 것을 중요하게 다뤘습니다. 당신이 보기에 마르크스가 리카도에게서 물려받은 것은 무엇이고 걸러 낸 것은 무엇입니까?

저는 마르크스가 리카도를 비판한 것을 많이 강조했습니다. 왜냐하면 마르크스와 헤겔의 관계에 관해서는 매우 많은 논의가 있고, 《자본론》이 헤겔의 《논리학》에서 많은 빚을 졌다는 얘기는 많기 때문입니다. 마르크스가 1850년대에 《그룬트리세》를 쓰면서 헤겔을 읽었다고 말한 사실은 유명하죠.

마르크스와 리카도의 관계에 관심을 두는 사람은 훨씬 적습니다. 물론 마르크스의 경제학 저작을 보면 헤겔이 등장하고, 그래서 마르크스와 헤겔의 관계를 이해하는 것은 매우 중요합니다. 하지만 헤겔이 언급되는 부분은 무척 적습니다.

리카도에 대한 언급은 아주 많습니다. 그래서 《자본론》의 초고 중 지적으로 매우 중요한 원고인 《1861~63년 수고》의 핵심 부분은 압도적으로 리카도 비판으로 돼 있습니다.

그래서 마르크스가 《자본론》을 쓰며 한 일을 이해하려면, 헤겔·리카도 둘 다와 관련지어 마르크스를 봐야 합니다.

마르크스가 리카도에게서 받아들인 것은 노동가치론을 매우 분명히 표현한 진술입니다. 노동가치론은, 상품이 그것을 생산하는 데 들어간 사회적 필요노동에 따라 교환된다는 생각입니다. 이 통찰을 따라가다 보면, 자본과 임금노동의 적대적 관계를 적나라하게 볼 수 있습니다.

마르크스가 보기에 리카도의 문제는 무엇보다 자본주의를 받아들인다는 것입니다. 그래서 리카도는 자본과 임금노동의 관계를 어떤 생산 형태에서든 으레 나타나는 관계로 봅니다. 그러나 마르크스는 자본과 임금노동의 관계를 자본주의의 운동 법칙이라고 부릅니다.

간단히 말해, 리카도는 자신이 밝혀 낸 자본주의의 모순을 다뤄야 할 특별한 필요성을 느끼지 못합니다. 반대로 마르크스는 자본주의를 일시적인 것으로, 사회적 생산의 여러 형태의 하나일 뿐인 것으로 이해합니다.

마르크스가 보기에 리카도의 이런 문제는 리카도가 택한 방법과 관계가 있습니다. 리카도는 노동가치론이 옳다고 단언하지만 자본주의 체제가 작동하는 다양한 방식을 모두 다루지는 않습니다. 예를 들어, 흔히들 돈이 저절로 생겨나고 임금노동 착취와는 상관 없다고 여기는 금융시장에서 일어나는 일을 리카도는 다루지 않습니다.

자본주의에서 일어나는 이런 각종 구체적 양상이 모두 리카도의 노동가치론에 실제로 담기지는 않는 것이죠.

마르크스는 방법에서 헤겔에게 큰 빚을 졌습니다. 헤겔은 겉보기에는 서로 충돌하는 이런 다양한 요소들을 모두 하나의 유기적 전체로서 담을 수 있는 방법을 밝혔습니다.

마르크스는 자본주의 생산의 은밀한 본질을 들춰내는 데 유용한 분석 도구를 발전시켰습니다. 특히 "추상에서 구체로 상승하기"가 있죠. 《자본론》에서 사용한 마르크스의 방법에서 중요한 것이 무엇인지 간략히 설명해 주시겠습니까?

"추상에서 구체로 상승하기"는 마르크스가 《그룬트리세》 서문에서 쓴 말입니다. 자본주의를 이해하는 과학적으로 올바른 방법을 설명하면서 그랬죠. 이것은 그가 헤겔에게서 빌려온 문구입니다. 이 대목에서 헤겔이 마르크스에게 매우 중요한 영향을 끼쳤음을 볼 수 있습니다.

마르크스가 어떤 방법을 쓰는지 알려면, 앞에서 말한 마르크스와 리카도의 관계 문제로 돌아가야 합니다. 리카도를 보면, 노동가치론과 자본주의의 여러 특징들이 나란히 놓여 있습니다. 즉, 금융시장이나 지대 같은 것들이 노동가치론으로는 설명되지 않는 것으로 돼 있습니다.

마르크스는 여러 곳에서 리카도가 저지른 오류를 지적합니다. 리카도가 노동가치론이라는 추상적 명제를 구체적 특징들과 연관시키지 못했다는 것입니다. 그렇게 하려면 "매개적 단계들"을 하나씩 이어 나가야 하는데, 리카도는 그러지 못한 것이죠.

달리 말해, 자본주의를 이해하려면 자본주의가 작동하는 구체적 양상들이 어떻게 해서 가치와 잉여를 추출하는 기초 과정에서, 즉 생산에서 일어나는 착취 과정에서 발생하는 것인지를 보여야 합니다. 그리고 자본주의 생산에 관련된 여러 요소들을 노동가치론과 종합적으로 연관지어 자본주의의 실제 작동 방식을 설명할 수 있어야 합니다.

마르크스는 자본주의의 겉모습이 얼마나 혼란스러운지, 생산에서 일어나는 착취라는 근본적 관계가 어떻게 가려지고 감춰지는지 말합니다. 그러면서도 그런 겉모습들이 자본주의가 작동하는 데 필요하다는 점에서 "실재하는" 것이기도 하다고 말합니다. 특히 《자본론》 제3권에서 그랬습니다.

"추상에서 구체로 상승하기"라는 방법은 자본주의 체제의 복잡한 특징들을 하나씩 하나씩 도입해 나아간다는 뜻입니다. 이 방법이 의도한 바는 자본주의의 겉모습이, 가치를 창출하고 착취하는 체제로서 마땅히 보여야 할 근본적 본질과 왜 다른지 밝혀 내는 것입니다.

그런 특징들을 적절한 지점에서 도입해 분석해 나가면, 그 특징들이 체제 전체에 어떻게 꼭 들어맞는지 알 수 있습니다.

《자본론》에 관해 논의하면서, 순전히 이론적 얘기만 하는 것이 아니라 정치적 함의까지 얘기하는 사람들이 임금노동의 구실을 깎아내리는 경우가 있다고 지적하고 계십니다. 그런 논의를 간략히 설명하고 사례를 알려 주십시오.

하트와 네그리가 딱 맞는 사례입니다. 요즘에 나온 그들의 주요 저작 《연방》에서 하트와 네그리는 자본이 본질적으로 기생적인 존재가 됐다고 말합니다. 자연 세계와 인간 세계가 있고 그 안에서 창조적 활동이 일어나는데, 그 외부에 있는 자본이 이 창조적 세계로부터 가치를 뽑아 낸다는 것입니다.

그래서 그들은, 이제는 지대가 잉여가치를 추출하는 가장 유력한 형태가 됐다고 봅니다. 그러나 마르크스와 리카도는 둘 다 그들과 다르게 봅니다. 생산하려면 땅이 필요합니다. 그래서 토지 소유자들은 생산을 직접 조직하지는 않지만 노는 땅을 소유했다는 이유만으로 잉여가치를 가져갑니다. 이것이 지대인 것이죠.

네그리와 하트의 주장이 가장 분명한 사례이지만, 이런 유형의 생각이 얼마나 흔한지 보면 적잖이 놀랄 것입니다. 심지어 하비조차 '강탈에 의한 축적'이라는 개념을 쓰면서 이런 종류의 생각에 아주 많이 양보합니다.

이런 생각은 《자본론》의 핵심 사상을 배제하는 것입니다. 특히 마르크스가 직접 출판한 《자본론》 제1권의 핵심 사상을 말입니다. 그

사상은 곧, 임금노동자들이 자본가에게 고용돼 생산하며 착취당하는 생산 과정에서 가치와 잉여가치가 창출된다는 것입니다.

여기서 던져 볼 핵심적 질문은 이렇습니다. 누구의 설명이 이 세계에 더 잘 들어맞을까요? 마르크스의 설명이 여전히 지금 세계에도 아주 잘 들어맞습니다. 예를 들어, 지난 수십 년 동안 자본주의에서 일어난 일 중 가장 중요한 것은 무엇입니까? 동아시아로 산업 자본주의가 확장한 것입니다. 그 과정의 초기에 천연자원 장악, 토지 강탈, 농민을 땅에서 쫓아내기가 있었다고요? 물론 그랬습니다. 이런 면에서 '강탈에 의한 축적'이라는 하비의 말은 옳습니다. 하지만 그 과정에서 결정적이었던 것은 대규모 산업단지가 생겨나고, 그 속에서 임금노동자들이 죽도록 고생하며 제조업 제품을 생산한다는 사실입니다. 그리고 이것이 자본주의가 존재하고 재생산되는 데서 핵심적인 것입니다.

이런 사실은 마르크스가 근본적 특징이라 여긴 것으로 이어집니다. 바로 자본주의는 매우 파괴적이고 낭비적일 뿐 아니라 엄청나게 생산적인 착취 체제라는 것입니다.

경제 위기를 다룬 장(章)에서 당신은 마르크스가 위기에 대해 "다차원의" 개념을 가졌다고 썼습니다. 그래도 마르크스가 이윤율 저하 경향과 이것이 금융시장과 주고받는 영향을 중시했다고도 썼죠. 이에 관해 좀 더 설명해 주시겠습니까?

마르크스는 원래 《자본론》을 6권짜리 방대한 작업의 일부로 삼고자 했습니다. 그 기획의 대단원은 세계시장과 경제 위기였죠.

이처럼 마르크스는 경제 위기를 이해하는 것을 중요하게 봤습니다. 그런데 그는 그 기획을 완성시키는 데 가까이 가지도 못했습니다. 아마도 포기한 것 같아요.

마르크스는 경제 위기를 설명하는 체계적 분석을 발전시키지 않았습니다. 그래도 《자본론》을 위한 원고들을 보면, 경제 위기에 관한 꽤나 복잡한 설명이 점점 더 분명하게 드러나는 것을 볼 수 있습니다.

경제 위기론에는 여러 차원이 있습니다. 저는 여섯 개로 분류합니다. 그중 핵심적인 것이 당신의 질문에서 나왔습니다.

첫째는 이윤율 저하 경향 이론입니다. 이 사상은 마르크스가 리카도에게서 물려받아 변형한 것입니다. 리카도는 농업 생산성이 떨어져 이윤율이 떨어진다고 봤습니다. 농업 생산성이 떨어지면 임금이 올라 이윤이 떨어진다는 것이지요. 마르크스는 반대로 봤습니다. 노동 생산성이 점점 더 향상돼서 이윤율이 떨어질 것이라고 본 것이죠. 그 이유는 노동생산성 향상으로 그 유명한 '자본의 유기적 구성'이 상승하기 때문입니다. '자본의 유기적 구성'은 생산수단에 투자된 자본과 노동자 고용에 투자된 자본 사이의 관계를 말합니다.

그런데 《그룬트리세》부터 《자본론》 제3권까지 쭉 보면, 이 이윤율 저하 개념이 점점 더 복잡해지는 것을 볼 수 있습니다. 마르크스가 자신이 상쇄 경향이라고 부른 것을 점점 더 중요하게 보기 때문입니다.

다른 말로 하면, 경제 체제로서 자본주의에는 이윤율을 낮추는 힘과 이윤율을 다시 회복시키는 힘이 둘 다 내장돼 있습니다.

이 상쇄 경향 중에서 가장 중요한 것은 마르크스가 불변자본(생산수단에 투자된 자본)의 가치 하락·파괴라고 부른 것입니다. 그래서 마르크스는 경제 위기를 매우 중요한 상쇄 경향으로 봅니다. 위기가 닥치면, 그동안 축적된 자본이 이제는 수익성이 좋지 않아 대량으로 파괴되기 때문입니다.

마르크스는 금융시장이 이 과정에서 결정적인 노릇을 한다고 봅니다. 19세기 중반에 엄청난 금융 위기가 닥쳤고, 마르크스는 이것을 이해하고자 많은 시간을 들였습니다. 그래도 그는 당시에 런던에서 살고 있어서 금융 위기를 살피기에 좋은 처지였죠.

마르크스는 금융시장에서 거품 형성과 공황이 번갈아 나타나는 현상을 봅니다. 오늘날 우리에게도 매우 익숙한 일입니다.

처음에는 축적 과정이 촉진됩니다. 거품이 형성될 때는 투자자금을 모으기 더 쉽기 때문입니다. 그런데 금융 공황이 터지면 그런 자본이 파괴됩니다. 이것은 이윤율 수준을 회복시켜 체제가 다시 확장하는 데서 필요한 일입니다.

이렇게 해서 우리는 경제 위기에 대한 매우 정교한 이론을 이루는 요소들을 살펴봤습니다. 저는 2007~08년 사태 전에 무슨 일이 있었는지 이해하는 데서 이 요소들이 매우 유용하다고 봅니다. 또, 그 사태가 낳은 침체에서 빠져나오는 것이 왜 그리 어려운 것인지 이해하는 데에도 유용하다고 봅니다.

마르크스는 구닥다리이고, 마르크스가 《자본론》을 쓴 이후 자본주의는 알아보지 못할 만큼 많이 변했다는 얘기가 흔합니다. 이와 반대로 당신은 마르크스의 설명이 오늘의 세계에도 잘 들어맞는다고, 마르크스가 살던 시절에 견줘도 그 타당성이 떨어지지 않는다고 주장합니다. 왜 그렇다고 보십니까?

매우 초기부터 마르크스는 자본주의가 세계 체제라고 분명히 이해했습니다. 《그룬트리세》에서 그는 세계시장 창출이 자본 개념 자체에 내재한 경향이라고 말합니다.

마르크스가 단지 빅토리아 시대 산업 자본주의를 설명했다고만 보는 것은 심각한 오독입니다. 그렇다고 해서 마르크스의 말 중에 낡은 것이 하나도 없다고 말하는 것은 아닙니다. 하지만 그의 저작들이 지금 현실에도 들어맞는 것을 보면 놀랍습니다.

예를 들어, 마르크스는 중국에 실제로 관심이 있었고, 중국이 미래의 세계 자본주의에 중요할 것이라고 봤습니다. 1858년 엥겔스에게 보내는 편지에서 마르크스는 이런 흥미로운 말을 남깁니다. "저는 유럽에서 혁명이 일어나리라고 확신합니다. 그런데 문제는 자본주의가 미국과 중국으로 돌진해 들어가고 있다는 사실입니다. 유럽에서 혁명이 성공하더라도 나머지 세계의 이런 신생 자본주의가 옆에서 공격하면 무슨 일이 일어날까요?"

물론 마르크스는 중국에서 자본주의가 발전하기 1백 년 전에 살았던 사람입니다. 비록 당시 미국에서 일어나고 있던 일의 중요성에 관해서는 딱 맞게 얘기했지만 말입니다.

마르크스가 《자본론》을 완성하지 못한 이유 하나는 그가 미국에서 일어나고 있던 일을 이해하고자 더 많은 자료를 모으길 원했기 때문입니다.

그럼에도 결국에는 중국이 자본 축적의 주요 중심지로 떠오른 것은 마르크스가 발전시키고 있던 분석으로 설명이 됩니다. 우리는 자본주의의 확장이 위기, 환경 파괴, 무엇보다 세계적 수준으로 커지고 있는 임금노동 착취와 공존하는 것을 보고 있습니다.

이런 특수한 결합은 마르크스가 자본주의를 이해하는 데 핵심적인 것이었고, 오늘날 세계를 이해하는 데에도 핵심적입니다. 예를 들어, 베트남에 있는 공장의 노동자들이 (동아시아에서 지정학적 이익을 위해 몸을 풀고 있는) 중국에 반대해 반란을 일으켰다는 보도를 보면, 지난 15~20년 동안 베트남에서 발전한 거의 완전히 새로운 산업이 세계 자본주의와 세계시장에 얼마나 중요한지를 알 수 있습니다.

그 노동자들은 단지 중국에 반대해서만 반란을 일으키는 것이 아닙니다. 임금 인상 등을 위해서도 반란을 일으키는 것입니다. 이처럼 우리는 오늘날 세계 도처에서 일어나는 일을 이해하는 데서 마르크스의 저작이 얼마나 적절한지를 볼 수 있습니다.

제5부
시장과 자본주의의 대안

국가가 시장의 광기를 치료할 수 있을까?

경제 위기 대안 논의 ① — 장하준

《나쁜 사마리아인들》,《사다리 걷어차기》 등 장하준 교수의 책들은 신자유주의의 '유죄판결문'들로 가득하다.

그는 국가에 의존해 성장한 선진국들이 후진국 경제들에는 '자유무역' 교리를 강요하는 위선을 폭로한다. IMF 등의 기구들은 후진국 경제에 필요한 조처들을 '걷어차면서' 이들 국가들의 장기적 성장 기반을 나빠지게 했다.

그는 멕시코 등 자유무역협정을 체결한 나라들의 실상을 폭로하면서 한미FTA와 한EU FTA 모두 추진해서는 안 된다고 주장한다.

부실 예측조차 어려운 파생상품을 금지하고, 외환시장을 급속한 자금이동에 취약하게 만드는 자본시장 자유화가 아니라 자본시장

이상권. 〈레프트21〉 3호, 2009년 4월 23일. https://wspaper.org/article/6365.

통제 등의 '시장 규제'가 필요하다는 그의 정책 제안은 타당하다.

요컨대 신자유주의는 "경제 성장의 모든 전선 — 성장, 평등, 안정 — 에서 실패했다."

'시장'이 얼마든지 실패할 수 있는 불완전한 제도라고 올바르게 지적하는 그는 신자유주의의 '대안이 있다'고 주장한다.

그는 국민 경제의 성공적 발전을 가능케 하는 "국가의 역할"을 제시하고자 한다. '역할 모델'인 한국과 스웨덴은 모두 자원이나 넓은 내수시장 등을 갖고 있지 않은 후발 경제에 시사점을 줄 수 있는 국가들일 것이다.

그는 박정희 시기의 한국 경제에서, 적절한 산업정책을 세워 전략 산업을 지도·육성하고, 무역·금융·국내시장 등을 규제하는 "국가의 역할"을 이끌어 낸다. 특히, 박정희 모델은 '수출주도전략'을 잘 발전시켰기 때문에 '예외적인' 수준의 성장을 이룰 수 있었다고 강조한다.

그러나 이러한 '경쟁력 있는 제조업 수출 강국' 전략에는 근본적인 취약점이 있다. 더 많은 국가들이 이런 전략을 채택할수록 세계시장에 쏟아지는 막대한 상품들을 흡수하기가 더 어려워질 것이라는 점이다.

"무역흑자국과 무역적자국 사이의 엄청난 불균형"은 수렁에 빠진 세계경제가 해결해야 할 핵심 문제다. 〈파이낸셜 타임스〉의 칼럼니스트 마틴 울프는 나머지 세계는 미국에 계속 수출만 하고 미국은 계속 수입만 한다면 서브프라임 모기지와 같은 빚잔치를 벌이지 않고서야 어떻게 세계 경제가 굴러갈 수 있겠느냐고 걱정한다.

물론, 작은 규모의 경제는 세계 시장에서 수출시장을 찾기가 더

용이하고, 일시적으로 급속히 성장할 수 있다. 그러나 세계 시장의 상황이 달라지면 고도성장의 배경이었던 급속한 축적은 바로 과잉 설비와 부실이라는 부메랑이 될 수 있다. 이는 한국의 고도성장과 1997년에 겪은 외환위기에 적용된다.

장하준은 또 스웨덴에서 '사회적 대타협'을 통한 장기적 성장 기반을 이끌어내는 "국가의 역할"에 주목한다.

스웨덴은 노동운동과 좌파가 국유화 요구를 폐기하고 재벌체제(발렌베리그룹)를 인정하는 대신, 재벌은 고용안정을 보장하고 국가는 복지를 책임지는 '대타협'을 통해 높은 제조업 생산성을 기반으로 복지와 성장 둘 다 가능했다는 것이다.

복지가 열악한 한국에서 서구의 높은 수준의 복지제도를 도입하자는 것은 훌륭한 주장이다. 그러나 장하준은 재벌과 국가에 '대타협'을 어떻게 강제할 것인지에 대해 마땅한 답을 내놓지 않는다. 그는 스웨덴의 복지나 루스벨트의 '뉴딜'은 1920년대와 30년대에 노동계급이 혁명적 투쟁을 동원해 자본가계급과 국가의 양보를 강제했기 때문에 가능했다는 점을 언급하지 않는다.

이러한 약점은 소액주주운동과 같이 재벌의 소유구조를 주로 문제 삼는 운동을 비판하며 '대타협'의 파트너인 재벌체제의 긍정적 측면에 주목하는 태도와도 관련이 있다. 그는 재벌체제를 자원을 효율적으로 활용하고 위험을 분산할 수 있는 효과적인 기업조직 형식이자 한국 경제의 '자산'이라고 여긴다.

'신자유주의'가 낳은 문제가 경제의 '금융화'에서 비롯한다고 보는 분석도 재벌에 대한 그의 태도와 관련이 있다.

무분별한 세계화를 받아들이면서 '초국적 해외자본=금융자본'이 '국내재벌=산업자본'을 억압하게 된 것이 문제의 원인이라는 것이다. 주주의 단기적 이해관계 때문에 은행은 기업에 장기투자할 돈을 빌려 주지 않고, 기업들도 투자를 꺼리는 현상이 나타나 고용이 정체하는 등의 문제가 발생했다는 것이다.

투기자본의 폐해는 당연히 인정해야 할 점이지만, '악한' 금융자본이 '선한' 산업자본을 억압해 산업이 정체한다는 구도는 현실과 다르다.

대기업 투자의 정체는 산업자본의 수익성에 문제가 발생했기 때문이다. 즉, 자본주의의 고질병인 이윤율 하락 경향 때문에, 수익을 올릴 마땅한 투자처가 부족하기 때문이다.

1997년 외환위기 이후 한국의 투자율이 다소 하락한 것은 사실이나, 경쟁력을 유지하기 위한 장기적 투자가 방해받았다고 말할 수준은 아니다. 한국의 투자율은 최근 몇 년 동안에도 GDP 대비 30퍼센트에 근접해 OECD 국가들 중 1위를 기록했다.

대기업들은 막대한 공적자금과 구조조정을 통해 부채를 갚아 금융비용을 낮추고 투자 수준을 조정하고 착취율을 높이는 등 수익성을 개선할 수 있었다. 이 과정에서 고용의 질은 급속히 나빠져 노동소득분배율이 1996년 63.4퍼센트에서 2002년 58.2퍼센트로 감소했다. 이것은 '금융자본'과 똑같이 이윤을 최우선시하는 '산업자본'의 입장에서 합리적인 대응이었다.

따라서 재벌에 우호적 환경을 조성하는 데 협력하는 것이 아니라 막대한 잉여금을 쌓아 두고도 오히려 비정규직 확대 등 고용을 악화시키려는 재벌에 맞서 이들의 이윤을 일자리와 복지에 쓰라고 투쟁하는 것이 맞다.

장하준은 의식적인 국가 개입을 통해, '시장'은 완벽한 제도로 거듭날 수 있다고 주장한다. 지배 엘리트들의 '선의'에 기대는 식으로는 불가능하겠지만, 장기적 성장기반을 갖춘 나름대로 규제되는 국민 경제가 가능할 수도 있다. 그러나 이것이 결국 세계시장에서 개별 국민 경제의 경쟁력을 끌어올리자는 것인 한, 시장 제도의 모순에서 벗어날 순 없다. 경쟁에서 살아남으려면 모든 국가들은 다른 국가들의 '사다리를 걷어차'야 한다. 장하준은 "역사적으로 그걸 넘어섰던 시기도 있었다"고 말한다. 그러나 장하준이 사다리를 걷어차지 않은 예로 높이 사는 '마셜플랜'은 2차 대전이 낳은 잿더미 속에서, 미국 제국의 패권을 위해 세계를 분할한 냉전의 일환이었다.

국가가 나서 '시장 실패'를 바로잡으려던 대규모의 시도는 이미 1930년대와 1970년대에 거듭 실패했다. 루스벨트의 뉴딜이든, 히틀러의 나치즘이든 간에 국가개입은 대공황을 낳은 근본 문제를 해결할 수 없었고, 축적 경쟁은 더 위험천만한 방식으로 내달았다. 2차 대전이 낳은 야만적 파괴와 냉전의 산물인 막대한 군비지출을 통해서야 25년짜리 호황의 기초가 놓였다. 호황의 끝에서 케인스주의 정책이 대대적으로 시행됐지만 불황을 막지 못했고, '신자유주의' 교리가 케인스주의를 밀어냈다.

자본주의 시장 체제의 본성인 이윤추구를 위한 경쟁과 축적 논리에 근본적으로 도전하는 대안만이 진정으로 '시장'의 병폐를 해결할 수 있다.

누가 위기의 진정한 해결책을 갖고 있는가

경제 위기 대안 논의 ② ― 케인스 vs 마르크스

1930년대 대공황을 겪었고, 2009년 현재 점점 심각해지는 경제 위기가 '대공황 2.0'으로 치닫고 있는 현실을 볼 때 납득할 수 없는 일이지만, 주류 경제학자들은 자본주의 사회에서 '일반적인 과잉생산'은 일어날 수 없다고 주장한다.

주류 경제학에서는 자본주의 사회가 물물교환 사회와 본질적으로 다를 바 없다고 간주한다. 화폐가 중간에서 매개하기는 하지만, 상품을 판매하는 목적은 자신에게 유용한 다른 상품을 구입하기 위한 것이라고 가정하는 것이다. 따라서 상품을 판매해 얻은 소득은 다른 상품을 구입하는 데 자연스레 쓰일 것이라고 본다.

물론 소득 중에는 시장에서 상품을 직접 구입하지 않는 부분이

강동훈. 〈레프트21〉 4호, 2009년 4월 23일. https://wspaper.org/article/6426.

있는데 그것은 우리가 저축하는 부분이다.

그러나 자본주의 사회에서는 은행예금, 주식 또는 채권의 형태로 저축하기 때문에, 그 저축은 타인이 다시 사용할 수 있게끔 돼 있다. 만일 어떤 기업이 새로 발행한 주식을 구입한다면 저축을 직접 사업에 투자하는 것이고, 은행에 예금한다면 자본을 구하는 기업주에게 대출돼 사용된다.

주류 경제학은 이자율이 변동하면서 저축량이 증가하거나 감소하는 식으로 조절되기 때문에 저축은 모두 투자로 전환되고 결국 생산된 상품은 모두 소비된다고 주장한다.

이 주장이 뜻하는 바는, 정부와 노동조합이 개입해 상품 가격의 '자연적인' 변화를 방해하지만 않는다면 자본주의는 결코 불황에 빠지지 않을 것이고 언제나 완전고용을 이룩할 수 있다는 것이다. 만약 실업이 발생한다면 그것은 노동자들이 임금의 하락을 막아 더 많은 노동자가 고용되는 것을 막기 때문이라는 것이다.

이런 주장이 현실을 설명할 수 없다는 점은 분명하다. 1970년대부터 시작된 경제 위기와 신자유주의 정책으로 국가는 공기업을 팔아치우고 복지를 삭감했고, 노동조합의 힘은 상대적으로 약해지고 전세계적으로 노동자들의 임금 수준은 계속 떨어져 왔다. 주류 경제학의 주장대로라면 경제는 좀 더 잘 나가야 하지만 오늘날 현실은 대공황에 버금가는 위기를 겪고 있는 것이다.

케인스, 불황은 자본가들이 투자하지 않기 때문

케인스는 저축이 자연스레 투자로 이어진다는 주류 경제학의 주장에 반대했다. 자본주의 사회의 투자는 "부 자체에 대한 욕구"에서 비롯하기 때문에, 기업주들이 충분한 수익을 거둘 것이라고 예측하지 않는다면 투자에 나서지 않아 '과잉저축'이 발생할 수 있다는 것이다.

케인스는 사회 전체의 소비는 상대적으로 안정적이라고 주장했다. 사람들이 먹고 입기 위해 기본적인 지출을 계속하기 때문이다. 평범한 노동자·서민은 소득의 대부분을 소비해 버린다. 케인스의 표현대로 한다면 이들은 "소비 성향이 높다." 반면 연간 소득이 수억~수십억 원이 되는 부자들은 자신들이 원하는 만큼 소비하고도 많은 돈을 저축할 수 있다. 즉 "소비 성향이 낮다."

케인스는 이런 논리가 사회 전체에도 적용될 수 있다고 봤다. 경제가 발전할수록 저축이 늘어나는 것이다. 반면 경제가 발전할수록 투자는 잘 이뤄지지 않는데, 투자가들이 수익을 얻을 만한 투자처가 줄어들기 때문이라는 것이다.

자본주의 경제는 불안정한 데다 케인스가 "자본의 한계효율"*이라고 표현한 예상 이윤율은 계속 떨어지기 때문에 민간 투자는 저축이 늘어나는 것만큼 늘지 않는다. 그런데 투자가 줄어들면 사람들의 소득이 줄어들고 과잉생산이 발생하고, 결국 저축이 줄어들게 된다. 이 과정에서 한편에는 실업자들이 늘고 다른 한편에는 유휴 설비가 늘어나는 일이 자본주의 사회에서 벌어질 수 있다는 것이다.

---

* 기업가가 투자를 할 때 예상되는 수익률. 다시 말해 '예상 이윤율'. 케인스는 자본의 한계효율이 단기적으로는 불안정하고 장기적으로는 하락하는 경향이 있다고 생각했다.

케인스의 이런 주장이 뜻하는 바는 불황과 실업이 노동자들의 고임금 때문이 아니라 자본가들이 투자에 나서지 않기 때문이라는 것이다.

사회 전체의 투자량이 호황과 불황을 결정짓고, 그 투자량은 "자본의 한계효율"에 따라 결정된다는 케인스의 주장은 마르크스의 주장과 흡사하다.

마르크스, 공황의 원인은 이윤율 하락 경향

마르크스는 케인스보다 70여 년 앞서 자본주의가 공황에 빠질 수밖에 없다고 주장했다. 물론 그 내용은 케인스의 것과 같지 않다. 케인스는 "자본의 한계효율"이 장기에 걸쳐 떨어진다는 개념을 제시했지만 이를 발전시키지는 않았다.

그러나 마르크스는 공황의 원인을 "이윤율 하락 경향" 때문이라고 주장했고 이를 자세히 분석했다.

마르크스는 상품의 가치가 사회적 필요노동시간*에 따라 결정된다고 주장했다.

생산에 필요한 기계나 재료는 그 가치를 새로운 생산물에 그대로 이전할 뿐이고 노동자들의 노동만이 새로운 가치를 추가한다는 '노동가치론'은 상품의 가치가 그 상품을 생산하는 사회의 생산효율성

---

* 마르크스는 상품의 가치가 특정 사회의 일반적인 생산조건에서 소요되는 노동시간에 따라 결정된다고 주장했다. 따라서 어떤 상품을 생산하는 데 사회적 필요노동시간 이상을 사용하는 비효율적 생산자는 자신의 초과노동을 보상받지 못한다.

에 달려 있다는 것을 뜻하는 것이다.

그런데 자본주의 사회는 자본가들에게 끊임없이 생산을 혁신할 것을 강요한다. 더 효율적인 생산방식으로 값싸게 상품을 공급해야만 더 많은 이윤을 얻을 수 있다.

이때 생산의 혁신은 더 값비싸지만 성능이 좋은 기계를 이용해 더 많은 원자재를 노동자가 취급하도록 만드는 것이다. 결국 자본가들의 전체 투자액에서 노동자를 고용하는 비중보다 기계나 원자재를 구입하는 비중이 더욱 커지게 된다.

그러나 새로운 가치를 생산하는 것은 노동자들의 노동뿐이므로 자본가들의 전체 투자액에 비하면 새로 창출되는 가치는 점점 줄어드는 것이고, 이는 곧 이윤율의 하락으로 나타난다.

이윤율이 하락하는 것을 감지하는 자본가들은 투자를 줄이는데 이렇게 줄어든 투자는 과잉생산을 낳고 결국 공황으로 발전하는 것이다.

마르크스와 케인스의 설명은 현실을 더 잘 이해할 수 있게 해 준다. 몇몇 경제학자들이나 경제 신문들은 이번 위기가 과도한 투기 때문이라며 투기꾼들을 비난한다. 그러나 투기꾼들은 언제나 투기에 골몰한다는 점을 고려한다면 더 근본적으로 물어야 하는 점은 이것이다. 투기꾼들은 이번 위기를 낳은 막대한 투기 자금을 어떻게 공급받았는가?

그 해답은 바로 전 세계에서 생긴 '과잉저축'이다. 특히 2000년대 들어 중국·일본·한국 등의 동아시아 국가들과 독일 등에서 생긴 막대한 저축이 새로이 투자되지 않고 미국으로 흘러들었다. 그리고 그 돈은 미국의 평범한 사람들에게 저리로 대출됐고, 미국인들은 그 돈으로 '과잉소비'를 하며 투자의 부족분을 일시적으로 메웠던 것이다.

그러나 빚에 의존한 '과잉소비'는 지속될 수 없었다. 빚을 갚기 어렵다는 점이 분명해지기 시작하면서 거품은 꺼지게 됐던 것이다.

케인스는 주류 경제학 비판했지만 자본주의 체제 유지 원해

케인스는 주류 경제학의 날카로운 비판자였지만 자본주의 체제를 근본에서 바꾸길 바라지 않았다. 케인스는 정부가 적절한 공공 투자에 나서 민간 투자의 부족분을 메운다면 공황과 실업을 극복할 수 있고 자본주의를 유지할 수 있다고 생각했다.

물론 케인스는 "투자의 다소 포괄적인 사회화가 완전고용에 근접할 수 있는 유일한 수단"이라며 급진적 사상을 드러내기도 했다. 그러나 케인스는 정책을 마련하고 집행하는 데 언제나 기업주들의 눈치를 살폈기 때문에 늘 부족한 대안만을 제시할 수 있었다.

케인스는 임금 삭감이 불황의 해결책이라는 주장에 반대했다. 임금 삭감은 소비 성향이 높은 노동자들의 소득을 떼어내 부자들에게 이전하는 것으로 사회 전체의 소비를 오히려 줄여 불황을 더욱 깊게 만들 수 있다는 것이다.

그렇다고 케인스가 불황기에 임금 인상을 주장한 것도 아니다. 임금 인상은 노동자들의 소득을 늘려 사회 전체의 소비를 늘릴 수는 있겠지만, "자본의 한계효율"에 악영향을 줘 민간 투자를 줄일 수 있기 때문이다. 마찬가지로 부자들에 대한 세금을 늘리는 것도 민간 투자에 악영향을 줄 수 있다.

정부의 공공 투자도 매우 조심스럽게 진행해야 하는데, 예를 들어 정부가 대규모 공공임대주택을 짓는다면 민간 건설 자본의 투자를 심각하게 훼손하기 때문이다.

이런 식의 모순된 태도는 현실에서 당장 문제에 부딪혔다. 1930년대 대공황 때 영국에서 완전고용을 위해 필요했던 일자리 3백만 개를 창출하려면 정부 지출을 약 56퍼센트 늘릴 필요가 있었다.

결국 제2차세계대전의 전시경제에서야 이런 대규모 정부 투자가 달성될 수 있었다. 그러나 평화시에 정부 지출을 실제로 이렇게 급격하게 늘린다면 기업주들은 자신의 이윤과 재산이 잠식되고 그들의 경제 지배를 위협한다고 느낄 것이다.

기업주들은 돈을 해외로 빼돌리는 식으로 정부 정책을 훼방놓고 심지어는 개혁 조처들을 실행하려는 정부를 전복하려 할 것이다. 케인스의 기대와 달리 경제 불황기에 완전고용의 달성은 기업주들의 동의를 얻어 점진적으로 부드럽게 진행될 수 없는 것이다.

바로 이 때문에 대중 투쟁이 필요하다. 노동자들은 정부가 더 많은 사람들의 삶을 책임지라고 요구하고, 해고 위협에 직면한 공장을 점거하고 싸움으로써 지배자들을 강제해야 하는 것이다.

이런 조처는 노동자들의 처지를 즉시 개선해 줄 것이다. 또한 이 힘은 개혁의 성과를 빼앗으려는 기업주들과의 '불안한 동거'를 끝내고, 근본적인 사회 변혁을 위해서도 쓰일 수 있을 것이다. 이것이 마르크스적 위기 해결책이다.

시장의 공세에 맞설
대안경제 체제는 어떻게 가능한가?

경제 위기 대안 논의 ③ — 우석훈

감옥과도 같은 학교를 빠져나오면 비정규직이라는 절벽이 기다리고 있는 젊은이들의 끔찍한 삶에 대한 고발이자, 이들에게 보내는 연민의 편지인 《88만원 세대》는 그동안 큰 반향을 얻었다.

우석훈*은 그 이후에도 "한국 경제 대안 시리즈"라는 부제가 달린 책들을 통해, 신자유주의로 질주하는 한국 자본주의라는 "괴물"을 통렬히 고발하고 이를 해체할 대안을 제시해 왔다.

이상권. 〈레프트21〉 5호, 2009년 5월 7일. https://wspaper.org/article/6501.

* 경제학자. 연세대학교와 성공회대에 출강 중이며 인터넷 신문 〈레디앙〉을 비롯한 진보 성향 매체의 인기 필자다. 저서로는 《88만원 세대》, 《촌놈들의 제국주의》, 《괴물의 탄생》 등 다수가 있다.

"괴물"의 악행은 학생들에게 창의성 대신 군대식 규율을 부과하고, 일자리와 삶의 질을 파괴하는 것에 그치지 않는다.

새만금 갯벌의 파괴가 보여 주듯이 '토건자본주의'는 생태, 균형, 풀뿌리 민주주의, 지역문화, 정주(定住) 등의 가치를 제물로 삼아 건설자본, 땅투기꾼, 관료, 정치인 들의 탐욕을 채웠다.

전쟁을 낳는 "괴물"에 대한 다음의 통찰도 타당하다.

"로자 룩셈부르크의 오래된 목소리를 다시 기억해 보자. 자본주의는 끊임없이 낮아지는 이윤율이 시스템의 몰락을 만들지 않기 위해 제국주의로 전환한 것이라고 할 수 있다. … 결국 경제 위기가 그런 것이 될 가능성이 높다. … 이는 지난 2세기 동안 자본주의 역사가 보여 준 교훈이다."

그는 "시장의 이윤지상주의 논리만이 관철되는 사회는 지옥"이라고 말한다. 그의 비판은 시장 제도의 근본적 문제점들을 환기시킨다.

그는 자신의 최신 저작 《괴물의 탄생》에서 '사회 경제'라 부르는 '제3부문'을 강화해 시장 제도를 "견제"하자는 포괄적 대안을 제안한다. '제3부문'은 시장의 이윤지상주의가 아니라 호혜(互惠), 연대, 증여(贈與)의 원리에 기초해 운영되는 비(非)시장적 경제다.

그것은 또한 국가로부터도 독립적인 경제다. 그에 따르면, 국가사회주의의 실패와 케인스주의적 복지국가의 한계는 국가 개입을 통해 시장을 극복할 수 없음을 보여 줬기 때문이다.

우석훈의 대안은 헝가리 출신의 경제학자 칼 폴라니의 사상과도 관련이 있다. 폴라니는 인류 역사에서 상이한 사회들이 사회 전체의 유지와 날카롭게 대립하는 시장 제도의 파괴적 본성을 통제해 왔음을 입증하고자 했다.

시장 제도와 근본적으로 다른 원리로 운영되는 경제체제가 필요하다는 우석훈의 주장은 민주적 의사 결정을 통해 인간의 필요를 충족시키는 참여계획경제가 필요하다고 여기는 마르크스주의자들이 적극 공감할 만한 주장이다.

문제는 이러한 비(非)시장적 경제를 어떻게 구축할 것인가다.

우석훈은 '제3부문'이 아직까지 충분히 이론적으로 설명되지는 못했다고 말한다. 가령, 경제적 수단을 통제하는 기존 자본과 국가의 권력에 도전하지 않고도 '제3부문'이 시장을 효과적으로 "견제"할 수 있을 것인가 하는 문제가 있다.

우석훈은 '제3부문'에 상당히 많은 대상을 포함시키고 있는데, '공정무역', 생활협동조합운동, '사회적 기업' 등은 그가 말하는 '제3부문'에 포함된다. 거대 자본의 착취 네트워크에 의존하지 않고 직접 생산자들에서 친환경적 농산물을 소비자들에게 전달하려는 시도는 신자유주의가 파괴한 사회적 가치들을 방어하려는 진지한 열망을 보여 준다.

그러나 '공정무역'이 '자유 무역'에 의미있는 균열을 냈다는 증거는 없다. '공정무역'을 통해 일부 제3세계 커피 농부들의 소득이 오른 것은 사실이다. 그러나 전체 커피 농부들의 소득이 개선된 것은 아니다. 커피가격이 여전히 세계 시장에서의 가격 변동에 좌지우지되고 있기 때문이다. 전체의 5퍼센트도 안 되는 '공정무역' 커피에 지불하는 '프리미엄'(노동계급이 소비자로서 지불하는)으로는 전체 커피 가격 폭락분을 메우기엔 턱없이 모자라다. 따라서 '자유 무역'에 실질적인 타격을 주려면 커피 생산에 대한 세계적 차원의 계획이 필요하다.

'윤리적 소비', 즉 원자화된 상품소비자로서 시장체제에 도전하는 방식에는 엄청난 어려움이 따른다. 자본은 상품 생산을 위한 자원 획득부터 판매까지 전 과정을 지배하고 있다. 그리고 국가는 자본의 뒤를 봐준다. 이들은 가격 경쟁력, 마케팅, 규제 등의 막강한 수단을 활용해 '제3부문'이라는 '불청객'들에게 자신들의 이윤이 새지 않도록 고삐를 틀어쥘 수 있다.

심지어 자본이 '불청객'들의 활동을 적극적으로 자신의 사업영역으로 포섭하는 경우도 있다. 네슬레, 스타벅스 등의 다국적 기업들은 '공정무역'이 소비자들에게 주는 호감을 이용해 더 수익성 있는 사업을 할 기회로 여기고 있다. 만일, 이와 달리 '제3부문'이 스스로의 '경제적' 동력으로 전체 경제에서 차지하는 비중을 늘려가고자 한다면 시장의 논리인 '상품 가치'를 극대화해야 한다는 모순에 처하게 된다.

'사회적 기업'은 어떤가? 이 또한 어쨌든 기업의 존재법칙 — 이윤 추구 — 을 따라야 한다. '사회적 기업'이 이윤을 해치지 않고 '사회적' 서비스, 일자리 등을 제공하려면 세제 혜택 등 국가의 지원에 많은 부분 의존할 수밖에 없다.

그는 빌 게이츠의 '기부'나 장인의 숨결이 살아 있는 공방형 소규모 공업도 '제3부문'에 포함시키는데, 이것들이 시장 "견제" 수단에 포함될 수 있는지 의문이다.

결국 '제3부문' 또한 자본주의 체제 내에서는 자본과 권력이 가하는 압력으로부터 자유로울 수 없다. 따라서 시장을 "견제"하기에는 부족하다. 시장 체제는 완전히 다른 것으로 대체돼야 한다.

한편, 그가 강조하는 '탈(脫)포드주의'나 '지식문화' 경제 등에 대해서도 언급해야 할 것 같다.

그는 "신자유주의 공세에 대한 진보 진영의 대응을 '반신자유주의' 또는 '공공부문 사수'라는 구호로 집약하는 것은 경제에서 일어난 변화를 충분히 보지 못하는 것"이라고 한다. 복지국가 모델은 포드주의적 생산에 기초해 노동과 국가의 힘이 자본을 통제할 수 있을 만큼 증대한 결과인데, 세계화 시대에 이러한 체제가 더는 작동할 수 없게 됐다는 것이다. 이러한 분석은 그가 노동계급이 아니라 새로운 '제3부문'을 강조하는 맥락과도 연결돼 있는 듯하다.

그러나 1980년 이후 대부분의 선진국에서 사회 복지 분야를 포함한 정부 지출 규모가 증가한 사실에서 알 수 있듯이, 국가가 차지하는 구실이 쇠퇴했다는 증거는 없다. 세계화 시대에 노동계급의 힘이 약화됐다고 보기도 어렵다. 고임금으로 인한 '제조업 공동화'는 과장이다. 1970년에서 2001년까지 선진국에서 자동차 산업의 고용은 증가했다.

그는 '지식문화' 강국으로서 스위스를 대안 모델로 자주 언급한다. 그러나 이 주장은 '고부가가치'를 생산해 자본 경쟁에서 이겨야 한다는 함의를 가지고 있어 시장 논리에 도전해야 한다는 그의 다른 주장과 모순된다. 네슬레, 로슈 등 다국적 기업의 천국이자, 해외 자본가들의 자산 도피처 구실을 하는 나라를 대안으로 여겨야 할지도 의문이다.

비(非)시장적 대안을 발전시키려는 시도는 다음과 같은 마르크스주의적 통찰을 꼭 염두에 둬야 한다.

시장 논리와 근본에서 다른 운영 원리를 따르는 경제는 필연적으로 자본주의 시장 제도와 국가의 적대(포섭을 포함해)에 직면할 것이다. 따라서 자본과 국가의 경제적·정치적 권력에 직접적·전면적으로 도전하는 전략이 필수적이다.

한편, 폴라니도 인식했듯이 시장의 광기에 대한 '사회적 통제' 시도가 단일하지는 않다. 여러 사회 세력들이 상이한 시도들을 추구한다. 그러나 노동계급이 시장 체제에 도전하는 것이 결정적으로 중요하다. 노동계급은 체제에 효과적으로 맞설 수 있는 집단적 힘을 가지고 있다는 점에서, 그리고 경제 전체의 사회화에서 이득을 얻는 세력이라는 점에서 다른 세력들과 구별되기 때문이다.

자기조정적 시장의 허구성을 통렬하게 비판하다

경제 위기 대안 논의 ④ — 칼 폴라니

미국의 경제학자 갤브레이스는 자신의 책 《대폭락 1929》가 잊혀질 만하면 경제 위기가 터져 의도치 않게 스테디셀러가 됐다고 말한 적이 있다. 경제 위기는 지금까지 당연시해 왔던 정설과 이를 설파하는 사람들을 밀어내고 그 자리에 지금까지 무시하거나 금기시해 왔던 주장과 인물들을 올려놓는다. 최근에 카를 마르크스와 《자본론》에 대한 관심이 증대한 것도 그 한 예다.

이런 현상의 수혜자 중 한 명이 칼 폴라니다. 정태인은 "케인스와 하이에크가 차례로 30년간을 지배했"다면 이제는 "폴라니의 시대"라고 단언했고, 우석훈은 "폴라니가 새로운 상상력의 원천이 될 수 있

이정구. 〈레프트21〉 8호, 2009년 6월 18일. https://wspaper.org/article/6681.

다"고 주장했다. 홍기빈은 시장경제의 대안 체제로 폴라니가 주장한 '지역적 계획경제'를 주장한다.

미국에서 닷컴거품이 붕괴한 직후인 2001년에 폴라니의 주저인 《거대한 변환》의 세 번째 판본이 출판됐는데, 이 책의 서문에서 스티글리츠는 반세기 전에 쓰였음에도 폴라니가 제기한 쟁점과 전망이 오늘날에도 그 특징을 잃지 않고 있다며 그에 대한 관심이 때늦은 감이 있다고 썼다.

실제로 시장 만능의 신자유주의를 철저하게 비판하면서도 사회주의를 대안으로 보지 않았던 폴라니에게서 뭔가 대안을 찾을 수 있지 않을까 하는 기대가 있다.

폴라니가 신자유주의의 핵심 공리인 자기조정적 시장에 대한 통렬한 비판자라는 점에서 그의 사상을 음미해 볼 충분한 가치가 있다.

폴라니는 오늘날 신자유주의에 해당하는 자기조정적 시장이라는 신화를 논박하는 데 일생을 바쳤다. 그는 오스트리아로 망명해 〈오스트리아 국민경제〉의 편집자로 있는 동안 신자유주의의 대부로 알려진 프리드리히 폰 하이에크와 그의 스승 루트비히 폰 미제스(한계효용혁명의 주창자 중 한 명)의 자유 시장 논리를 반박하는 데 주력했다.

1933년 영국으로 이주한 뒤 노동자교육협회에서 노동자들을 대상으로 강의를 하면서 구상한 것이 바로 《거대한 변환》인데, 영국 노동자들을 비참한 상태로 내몬 시장경제의 참혹한 현실이 이 책의 저술 동기 중 하나였다.

자기조정적 시장

《거대한 변환》의 핵심 내용은 시장경제가 인류에게 가장 자연스런 제도라는 주장이 역사적으로나 인류학적으로나 근거가 없는 허구라는 점이다.

애덤 스미스는 "어떤 물건을 다른 물건과 교역하고 거래하며 교환하려는" 것이 인간 본성이라고 주장하지만, 폴라니는 그것이 근대적 산물에 지나지 않는다고 봤다. 폴라니는 교역과 거래의 발전을 통해 시장경제가 출현했다는 진화론적 관점을 비판하면서 시장경제가 주된 경제 제도로 자리잡은 것은 [중상주의] 국가의 의도적인 정책 덕분이라고 주장한다. 자유방임이라는 신화 뒤에는 이를 뒷받침하는 국가의 폭력이 자리잡고 있었다.

자본주의가 등장하기 전까지 경제는 사회의 일부로서 그 안에 존재했다. 그런데 국가는 경제 성장, 국력 신장을 위해 국내 시장을 확장하려 했고, 이는 상품화할 수 없는 토지·노동·화폐를 상품화하는 것으로 나타났다.

폴라니는 영국의 산업혁명과 그 영향으로 인해 산업이 생산에서 꼭 필요한 요소들을 자기조정적 시장에 내맡기는 과정을 면밀히 분석했다. 그 결과 허구적 상품인 토지·노동·화폐가 등장했고, 자기조정적 시장 기제가 확립됐다.

그러나 폴라니에게 자기조정적 시장에 근거한 시장경제는 결코 달성할 수 없는 유토피아일 뿐이었다. 사회에 "묻어 들어" 있던 경제가 이탈하면서 사회의 안정성을 위협해 불안정을 심화시키기 때문이다. 그래서 폴라니는 시장경제의 필연적 귀결이 바로 파시즘과 전쟁이며,

파시즘의 원인이 영국의 산업혁명과 리카도에게 있다고 주장했다.

사회가 파편화하고 붕괴할 위험에 처할 때 등장하는 사회의 자기 보호를 위한 반작용을 폴라니는 "이중 운동"으로 설명한다. 폴라니는 "노동, 토지, 화폐의 상품화가 언제나 시장경제의 본질이지만, 만일 '악마의 맷돌'과 같은 시장 기제로부터 인간과 자연 그리고 경제 조직이 보호되지 않았다면 어떤 사회도 잠시도 견뎌내지 못했을 것"이라고 지적했다.

노동시장에서는 노동조합이 합법화되면서 노조와 노동자 정당이 등장해 사회적 보호운동의 주된 담당자가 됐고, 토지를 시장의 법칙에 내맡기는 시도에 대한 보호운동으로 보수적인 토리당의 입법 활동이 나타났다. 화폐시장에서도 금본위제가 해체되고 통화량에 대한 중앙은행의 개입이 있었다.

폴라니는 이런 이중운동이 반드시 노동자 계급의 저항 운동만을 뜻하지는 않는다고 생각했다. 앞서 지적한 바처럼 시장의 확대로 인해 사회 조직 전체가 위협을 받기 때문에 '계몽된 반동세력'을 포함한 다양한 경제적 계층에 속하는 집단들이 자기조정적 시장 기능에 반발할 수 있다.

폴라니가 볼 때, 19세기 영국에서 확립된 자유주의적 시장경제가 첫 번째 '거대한 변환'이었다면 이런 경향에 대한 사회적 반작용이 두 번째 '거대한 변환'에 해당한다. 그가 《거대한 변환》을 쓰고 있던 때(이 책은 1944년에 처음 출판됐다)는 자기조정적 시장경제가 그 종말을 고한 1929년의 대공황이 있었고, 파시즘과 스탈린이 집권했으며 루스벨트의 뉴딜 정책이 펼쳐지고 있었다.

뉴딜 정책

폴라니는 자유주의 시장경제의 모순에 대한 해결책 중 하나가, 비록 야만적이긴 하지만, 바로 파시즘이라고 지적했다. 그는 파시즘이 "산업과 정치의 영역에서 모든 민주적 제도를 파괴하는 대가를 치르고 성취된 시장경제의 개혁"이라고 주장했다. 폴라니는 파시즘에 대항하려면 노동자 혁명이 일어나야 한다고 생각했지만 그렇다고 노동자 계급의 자기해방 사상을 받아들인 것은 아니었다.

폴라니에게 시장경제의 위기에 대한 또 다른 해결책이 바로 뉴딜 정책이다. 그는 금본위제를 포기한 루스벨트에게서 민주주의를 지키면서도 세계 시장의 영향으로부터 국민경제를 지킬 수 있는 희망을 보았다. 즉 뉴딜 정책이 자유주의 시장경제를 억제하고 사회주의로 나아가는 길을 재촉할 것이라고 보았던 것이다.

폴라니가 이런 결론에 이른 것은 자신이 격렬하게 비판했던 시장경제에 대한 이해의 부족 때문으로 보인다. 그는 시장은 항상 균형을 이룬다는 고전파의 시장 이데올로기에 대한 케인스의 비판을 넘어서 잉여가치와 착취의 문제로까지 사고를 발전시키지 않았다.

폴라니는 제2인터내셔널을 통해 마르크스주의를 접했기 때문에 마르크스주의를 '경제주의적 오류'라고 비판했다. 그는 마르크스의 《1844년 경제학철학수고》를 높이 평가했고 루카치를 통해 물신화나 노동소외를 이해했지만, 자본주의 사회에 대한 마르크스의 분석은 리카도와 마찬가지로 경제 결정론이라며 기각했다.

폴라니는 1930년대의 위기에 대한 세 번째 해결책으로 스탈린의 일국사회주의론을 지지했다. 폴라니가 보기에, 일국사회주의론은 세계적 경제 위기에 대한 지역적 계획경제의 한 모델이었다. 그는 냉전 때에도 노동자들에게 소련을 방어해야 한다고 호소했다.

폴라니는 1930년대의 세계경제 위기로 인해 자유주의 시장경제의 유토피아는 파산했고 19세기의 시장경제로 되돌아가는 것은 불가능할 것이라고 예견했다. 그러나 그가 불가역적이라고 보았던 그 현상이 '신자유주의'라는 이름으로 재림해 얼마 전까지 맹위를 떨치다 지금 위기를 겪고 있다.

예측이 빗나갔다는 것보다 더 중요한 것은, 1930년대의 '거대한 변환' 과정을 거치면서 폴라니가 인류의 대안 체제라고 봤던 것이 또 다른 '거대한 변환'을 맞이하고 있는 오늘날에도 유의미한가 하는 점이다.

대변환

폴라니는 말년에 전(前) 자본주의 사회의 특징들을 집중 연구했다. 시장경제를 대체할 원리를 찾기 위해서였다. 그는 인류학적 연구를 통해 시장경제 이전 사회, 특히 원시·고대 사회에는 자기조정적 시장이 아니라 호혜, 재분배, 교환의 세 가지 형태가 있음을 지적하고 있다. 오늘날 폴라니를 추종하는 사람들은 현 사회에서도 호혜는 기부 문화로, 재분배는 적십자 활동으로, 교환은 공정무역으로 등장한다고 주장한다.

그런데 이런 원리를 대안 사회의 기본 원리로 채택하기에는 너무 모호하다. 폴라니 자신도 원시·고대 사회에서 나타나는 이런 특징들이 사회와 경제를 어떻게 연결시키는지를 규명하지 못했다. 이것은 폴라니의 이론 그 자체의 허점에서 비롯한다.

폴라니는 경제가 사회 속에 포함돼 있다는 의미에서 실체로서의 경제(어떤 이는 '살림살이 경제'라고 표현한다)를 제기하며 애덤 스미스의 '경제적 인간'을 비판했다. 그는 사회적 과정이 경제적 과정에 선행할 뿐 아니라 경제적 과정은 따로 독립해 존재하는 것이 아니라 사회적 과정에 '묻어 들어' 있다고 주장했다.

그런데 경제가 사회로부터 '탈착근할' 때에도 그에 걸맞는 사회 구조를 형성하고 확립한다. 즉 자기조정적 시장경제가 확립되기 위해서는 이를 제도적으로 뒷받침하는 사회 구조가 필수적이다. 따라서 폴라니가 말한 사회에서 경제의 탈착근(자기조정적 시장경제의 확립)과 거대한 변환(사회의 자기조정)을 통한 사회의 안정성 회복의 논리는 너무 기계적이고 단선적이다.

폴라니가 대안으로 제시한 '지역적 계획경제'는 현대에서 다양한 변형으로 제시된다. 생활협동조합이나 노동조합 또는 지역공동체 등이 그 본보기들이다. 하지만 세계화된 자본주의 체제에서 다양한 지역주의적 대안 추구는 언제나 실패했다.

그럼에도 폴라니가 최근에 각광을 받는 일은 고무적이다. 그만큼 시장경제의 허구를 본질적으로 비판한 이가 드물기 때문이다. 그는 '허구적 상품', '실체로서의 경제', '이중 운동', '묻어 들기' 같은 독특한 개념으로 신자유주의의 본질을 꿰뚫어 봤다. 그럼에도 자기조정적 시장에 대한 그의 비판이 빛을 발휘하려면 시장경제의 작동 원리를 규명한 마르크스의 분석·대안과 결합될 필요가 있다.

시장도 국가도 아닌 대안?

경제 위기 대안 논의 ⑤ — 사회적 기업

신자유주의 시대에 기업의 무한정한 이윤 추구로 복지·환경·노동 조건 등이 무자비하게 파괴되고, 제3세계에서는 엄청난 대중이 가난· 질병으로 고통받는 현실을 보면서, 몇몇 사람들은 '사회적 기업'을 대안으로 제시하고 있다.

기업에 사회적 책임을 요구함으로써 사회를 좀 더 살 만하게 만들어야 한다는 이런 정서는 이윤 추구에만 골몰하는 기업에 대한 대중의 반감을 표현한 것이다.

우선 이런 종류의 개념으로 널리 퍼져 있으며, 기업들도 적극 검토하고 있는 것이 바로 '기업의 사회적 책임(CSR)'이다.

기업이 환경 보호, 노동조건 개선, 지역 사회 지원에 나서 이윤 추

강동훈. 〈레프트21〉 9호, 2009년 7월 2일. https://wspaper.org/article/6735.

구와 사회적 기여를 조화롭게 한다는 것이다. 그러나 우리가 쉽게 짐작할 수 있듯이, CSR은 기업의 마케팅 전략과 구별하기 힘들고 이를 어기는 기업을 통제할 방법이 없다는 약점이 있다.

"또 하나의 가족"을 표방하며 CSR에 가장 많은 돈을 쓰는 삼성은 악명높은 '무노조 경영'으로 노동자들을 감시·탄압하고, 편법 상속으로 엄청난 액수의 세금을 안 내고, 정관계에 천문학적인 돈을 뿌리며 '장학생'들을 관리해 한국 사회를 좌지우지하고 있다.

금호그룹은 "아름다운 기업"을 표방하며 '사회공헌'(즉 기부)에 공들여 왔다. 그러나 그 계열사인 대한통운은 운송료 30원 인상 약속을 지키지 않고 노동자들을 해고해, 결국 박종태 열사를 죽음으로 내몰았다.

이런 가증스런 행태들은 단지 한국 기업들에만 해당되는 것은 아닌데, 예를 들어 후덕한 기부로 '좋은 기업' 이미지를 얻었던 미국의 거대 에너지 회사 엔론은 2001년에 회계부정으로 수백억 달러의 손실을 내고 파산하며 추악한 실체가 드러났다.

CSR은 기업 이윤을 침해하지 못한다는 근본적인 약점이 있다. 더구나 세계적 경제 위기 속에 기업들은 "CSR를 사치로 인식하거나, 기존에 실행해 오던 CSR 프로그램마저 후퇴시키고 있는 실정"(한국사회책임투자포럼 김영호 이사장)이다.

착한 일 하면서 돈도 번다?

한편, 좀 더 본격적인 사회적 기업 논의는 분명 CSR와 구별된다. 그러나 '사회적 기업' 개념은 주창자들 스스로 모호하게 사용하고 있기 때문에 이것을 정확하게 규정하기는 힘들다.

사회적 기업을 대안으로 제시하는 사람들은 사회적 기업이 단순한 자선단체가 아니라고 주장한다. 정부, 기업, NGO와는 구별되는 "제4섹터"인 사회적 기업은 "착한 일을 하면서 돈도 버는 기업"이라고 정의된다. 즉, 공익적 목적을 추구하면서도 스스로 수익을 내기 위해 기업과 마찬가지로 혁신을 달성한다는 것이다.

그러나 막상 사회적 기업을 소개하는 책이나 자료들을 보면, 주요 사례의 상당수는 자선단체들이다. 예를 들어, '룸투리드(room to read)'는 제3세계에 학교 2백 곳과 도서관 3천 곳을 지어 준 성공적인 사회적 기업으로 소개된다. 특히 창업자 존 우드가 마이크로소프트의 고위 임원 출신이라 더 널리 알려졌다.

존 우드의 '혁신'은 자신의 경력과 인맥을 이용해 정열적으로 더 많은 기부금을 모으고, 도서관 건설에 지역 주민을 동참시킨 것이다. 그러나 '룸투리드'는 기업이 아니며 기부금이 없으면 운영될 수 없는 자선단체다.

이익을 추구해 제 발로 선다는 사회적 기업 사례에 흔히 '열정적인' 자선단체가 포함되는 이유는 사회적 기업이 기본적으로 기부나 자원봉사, '선한 소비', '사회책임투자' 등에 의지할 수밖에 없기 때문이다.

이는 한국에서 대표적인 사회적 기업으로 알려진 곳들을 봐도 그렇다. 재활용, 자원봉사, 공정무역 등과 연계된 '아름다운 가게', 장애인을 고용해 쿠키를 만드는 '위캔', 한국에서 공정무역 상품을 본격적으로 판매하기 시작한 '페어트레이드코리아' 등도 기부나 자원봉사,

'선한 소비'가 꼭 필요하다.

따라서 사회적 기업은 자본주의 사회에서 자선 활동이 부딪히는 한계에 똑같이 직면하게 된다. 즉, 사회적 기업이 제공하는 서비스나 일자리로는 전 세계의 가난이나 질병, 실업 등을 완화시키는 데 턱없이 부족하다.

성공적인 사회적 기업으로 소개되는 '마이시4(MYC4)'는 창업 2년 만에 전 세계에서 투자자들 1만 4천 명을 모아 아프리카 각국의 소기업 4천5백 곳에 투자했다. 그러나 투자금은 고작 1백50여억 원(달러가 아니다!)에 불과했다.

전 세계에서 사회적 기업에 투자한 민간 자금은 2004년 기준으로 채 1억 달러가 되지 않았다. 민간 기업 투자금에 비해서는 말할 것도 없고, 수백억 달러에 이르는 미국 대기업들의 자선기금과 비교해도 새 발의 피인 셈이다.

한국에서도 노동부가 사회적 기업으로 인증한 2백18개 기업에 고용된 사람은 3만여 명이고, 이들의 당기순이익 합계도 45억 원에 불과했다. 이조차 "정부가 사회적 기업에 사업 기회를 많이 제공했던 영향이 컸다."(곽선화 부산대 교수)

사회적 기업이 성공적으로 확산되려면 규모 확대가 필수일 것이다. 그리고 이를 위해서는 새로운 투자를 받아야만 한다.

그러나 사회적 기업의 주창자들도 인정하듯이, 외부 투자자를 받아들이면 사회적 기업의 경영 철학을 포기하라는 압력을 크게 받게 된다.

폐자재를 활용해 악기를 만들고 이를 통해 어려운 청소년에게 일자리와 문화공연 서비스를 제공해 한국에서 성공한 사회적 기업으로 알려진 '노리단'도 이런 유사한 압력을 받고 있는데, 이들은 결국 기존 방식을 유지하며 적게 성장하는 걸 목표로 삼았다.

결국 사회의 주류가 될 수 있다는 주창자들의 근거없는 낙관과 달리 사회적 기업은 거대 기업들 사이의 작은 틈새에 머무는 것 이상을 하기 힘들다.

시장을 통한 빈곤 퇴치?

한편, 사회적 기업 주창자들이 사회적 기업을 대안으로 제시하는 이유는 이윤 추구만을 절대시하는 기업에 대한 반감뿐 아니라 비효율적인 관료 기구와 국가 통제에 대한 불만을 표현하는 것이기도 하다.

그래서 사회적 기업의 주창자들은 다음과 같이 주장한다. "환경과 사회를 포괄하는 지속가능한 경제발전은, 시장만능주의로도 국가사회주의로도 이룰 수 없다는 사실이 입증됐다. 사회적 기업이 새로운 대안이다."

이는 정부는 비효율적이고 시장은 효율적이라는 편견에 기반을 둔 주장이다. 그러나 신자유주의를 반대하는 많은 사람들이 지적하듯이, 거대한 관료 기구의 비효율성은 거대 민간 기업이나 심지어 큰 규모의 자선단체에서조차도 나타날 수 있는 것이다.

오히려 국가 통제가 비효율적이고 정부 복지가 형편없는 근본적인 이유는 이윤 추구에만 몰두하는 기업들이 정부의 정책과 행동을 규정하기 때문이다.

기업들은 정부가 기업을 지원하도록 촉구하면서도, 많은 세금과 복지 확대를 반대하고 복지제도가 자신들의 이윤을 침해하거나 사업 기회를 줄이려 한다면 극렬히 반대한다.

브라질에서 빈농들에게 값싼 전기와 펌프를 제공해 주려던 사회적 기업가는 사업 기회를 빼앗길 것을 두려워한 시멘트·알루미늄 업계의 반발과 그들과 유착한 정부의 방해에 부딪혔고, 이를 겨우 극복했을 때는 전력공사가 민영화돼 실패를 맛볼 수밖에 없었다.

사회적 기업이 흔한 자선단체와 다른 부정적 측면은 실업·빈곤·장애로 고통받는 사람들이 스스로 문제를 해결해야 한다는 시장지상주의 이데올로기를 적극적으로 강화하는 효과를 낸다는 점이다.

예를 들어, 수백만의 빈민 여성들이 자활할 수 있도록 무담보 소액 대출(마이크로크레딧)을 제공한 가장 성공한 사회적 기업 그라민은행 등은 빈민들에게 교육과 자금을 제공해 이들이 시장에 포함될 수 있도록 기회를 제공하는 데 집중하고 있다.

그라민은행의 창업자이며 이를 통해 노벨평화상을 받은 유누스 박사는 "서구의 복지제도가 빈곤 탈출에 방해가 된다"며 복지가 아니라 시장을 통한 빈곤 퇴치를 주장한다.

그러나 모든 빈민이 무담보 소액 대출 방식으로 사업 기회나 일자리를 얻고 빈곤에서 탈출할 수는 없다. 자본주의적 경쟁은 많은 소기업들을 파산시키고, 노동자들을 실업자로 내몰 수밖에 없기 때문이다.

그라민은행이 수백만 명에게 대출해 주면서도 1백 퍼센트에 가까운 상환율을 기록한 것은 지원 대상을 매우 엄격하게 선정할 뿐 아니라 연대보증과 같은 안전장치를 두고 있기 때문이다.

그래서 그라민은행에서 대출 받은 여성들은 대부분 어느 정도 자산이 있는 중간계급이었다.

사회적 기업은 시장이 낳은 빈곤과 실업, 환경 파괴를 시장을 통해 극복해 보자는 대안이다. 그러나 결국 자선에 의존할 수밖에 없는 사회적 기업이 이윤 추구에 몰두하는 민간 기업들과 경쟁해 승리할 수는 없다.

게다가 사회적 기업의 주창자들은 시장이 효율적이며 정부는 무능하다는 편견을 시장주의자들과 공유하며 그 의도와 상관없이 복지에 대한 정부의 책임을 면제해 주는 나쁜 효과를 내기도 한다.

사회적 기업에 뛰어드는 것보다 사회 진보를 위해 더 값지게 열정과 헌신성을 투여하는 방법은 많다. 그것은 대중과 함께 정부·기업에 진정한 개혁을 요구하고 투쟁하면서 시장 체제를 뛰어넘는 대안을 만들어 나가는 것이다.

과연 계획경제는 궁핍을 초래하고야 말까요?

소련의 붕괴는 계획이 잘돼 나갈 수 없음을 입증하는 것 아니겠습니까?

소련*이 계획경제가 아니었음은 미국이나 남한이 계획경제가 아닌 것과 꼭 마찬가지입니다. 1928-29년 스탈린 반혁명 이후로 생산물과 인민대중의 요구를 조화시키는 시도는 결코 이루어진 적이 없습니다. 그것은 지령경제라고 부르는 것이 더 정확할 것입니다.

1928-29년 스탈린의 전권 장악 이후 지배 관료는 국가에 대한 통제력을 이용해서 사회를 자신들의 요구에 예속시켰습니다. 서방의 부자들과 권력자들처럼 소련의 관료도 대중의 처절한 생존 노력을 디딛고 온갖 특권과 특혜와 호사를 누렸습니다.

이 글은 《사회주의 노동자》 창간호(1992년 3월)에 실린 것이다.

*   우리는 '소련' 대신에 '소연방' 또는 단순히 '러시아'라고 부를 것이다.

더 중요한 사실로서, 동서방의 전문가들이 시인하고 있는 것이 있는데, 그것은 러시아의 중심적 특징이 "군산복합체"에 의해 경제가 지배된다는 것입니다.

이것은 탈선이나 일탈이 아니라, 해외의 경쟁 상대국들과 경쟁하지 않으면 안 되는 — 특히 미국과의 군사적 경쟁 — 러시아 지배자들의 축적 동기에서 비롯한 것입니다. 러시아의 지배자들은 미국 경제의 절반밖에 안 되는 경제규모로써 미국에 필적하려 했습니다. 여기에서 성공하려면 그 과정은 관료적 중앙집권제로써 지령되어야 했습니다.

경제의 다른 부분에서 어떤 대가를 치르든 어떤 혼란이 일어나든 간에, 그리고 수백만 또는 심지어 수천만 인민대중에게 어떠한 불행을 안겨다주든 간에, 군사 기구와 그것을 지탱시켜 주는 중공업이 건설되어야 했습니다.

농업이 1차적인 제물이 되었습니다. 1930년대의 어마어마한 농촌 기근을 비롯해 집단농장이라고 잘못 불리는 — 사실은 경찰이 감독하는 농촌 공장입니다 — 콜호스와 솝호스의 낮은 생산성 및 혼란이 바로 지령경제의 산물이었습니다.

그러나, 지배자들의 입장에서 보면 그것은 오랫동안 성공을 누려왔던 전략이었습니다. 일부 기자들과 관변 학자들의 저술 속에는 러시아의 승용차에 대한 다소간 깔보는 듯한 우스갯소리가 담겨 있는 경우가 있습니다. 그러나, SS-25 미사일이나 미그21 전투기에 대해서는 그런 조롱 섞인 농담을 독자는 어디서도 들을 수 없었을 것입니다.

소연방의 붕괴는 계획경제가 실패한 결과가 아니라 관료적 지령경제가 과거에 작동했던 방식으로는 더 이상 작동할 수 없게 된 결과입니다.

오랜 세월에 걸친 서방과의 경쟁이라는 엄청난 부담이야말로 소련 붕괴의 이면에 있는 요인이었습니다.

시장경제가 러시아의 상태를 개선시킬 수 있는 유일한 길이 아닐까요?

아닙니다. 시장이 인민대중의 요구를 충족시키는 데 조금이라도 더 나은 방법이라는 생각은 세계를 한번만 둘러보아도 금방 반박될 수 있습니다.

시장은 서방의 수백만 대중에게 빈곤과 실업을 가져다 주었고, 제3세계의 수천만 민중에게는 질병과 기아를 가져다 주었습니다.

러시아에서 시장경제로의 전환은 믿을 수 없는 비율의 물가상승과 식료품 부족을 초래했고, 기가 막혀 말도 안 나오게 만드는 실업률 증가와 임금 삭감을 야기했습니다. 모스크바 시민의 95%가 빈곤선 이하에서 생활하고 있답니다.

고르바초프와 옐친 그리고 지난 8월 쿠데타를 지지한 사람들, 이 모두가 내놓은 다양한 경제 개조 계획들은 기본적인 내용에서는 한결같이 일치하고 있습니다. 즉, 물가인상(소위 "가격 자유화")과 대량실업 말입니다.

그러나, 서방 지배자들이 무슨 미사여구를 늘어놓든 간에 그들 가운데 아무도 시장이 러시아에 신속한 해결책을 제공하리라고 생각하지 않습니다. 그들은 러시아에 원조를 제공해야 한다고 떠들지만 막상 실행에 옮기기는 주저하고 있습니다. 왜냐하면 대소(對蘇) 원조가 밑 빠진 독에 물 붓기 같거니와 무엇보다도 이윤이 나오지 않는 일이기 때문입니다. 서방의 지배자들은 소련이 비록 시장경제로 이행하고는 있지만 거기서는 별로 이윤이 남지 않을 것이라고 예견하기 때문에 대소 원조에 심드렁한 자세를 보이고 있습니다.

시장은 러시아의 진정한 문제들 ─ 예컨대 과연 겨울을 넘길 수 있을까 싶을 정도로 심각한 식량난 ─ 을 결코 해결하지 못합니다. 사실인즉, 모든 사람을 먹이고도 남을 만큼 충분한 식량이 러시아에서 생산된다고 합니다. 그러나, 분배와 저장과 운송이 문제라고 합니다. 만약 노동자들이 식량 수집과 저장시설 건축과 운송 네트워크 개선을 조직한다면 식량 문제는 해결될 수 있습니다. 그런데 여기에는 계획이 필요할 것입니다. 지배 관료의 요구가 아니라 보통 사람들의 요구가 모든 경제 활동의 중심에 놓이는 그런 계획 말이지요.

하지만 현대 사회는 너무 복잡해서 계획될 수 없는 것 아닙니까?

아닙니다. 서방 자본주의에 이미 광범위한 계획이 도입되어 있습니다.

도요타 같은 회사는 차 한 대를 생산하기 위해 전 세계로부터 원재료를 갖고와 몇 나라에서 몇 만 노동자들의 노동을 조직합니다. 이를 위해서는 상상할 수 없을 만큼 세부적인 계획이 몇 년 앞을 내다보며 수립될 필요가 있습니다. 남한의 현대나 대우 또는 삼성도 매우 세세한 계획을 세웁니다.

계획은 이미 실제로 존재합니다. 문제는 그 계획들이 인민대중의 필요를 충족시키는 데 목적을 두고 있지 않다는 데 있지요. 그보다는 오히려 서로 경쟁하는 기업들과 국가들이 좀 더 효과적인 이윤 추구를 놓고 경쟁하기 위한 계획이라는 것이 문제입니다.

이러한 무정부적 이윤 경쟁은 엄청난 낭비와 혼란을 초래하며, 주기적인 불황과 장기적인 위기 — 현재 우리가 그 속에 있는 — 를 낳습니다.

진정한 문제는 누가 무엇을 위해 계획하느냐입니다.

우리에게 필요한 것은 자본주의 사회의 모든 측면들의 핵심인 계획의 요소들을 더욱 확대·심화시켜 나아가는 것이 아니라, 이윤 경쟁을 폐지하고 노동자들이 자신들의 요구를 충족시키는 계획을 세워 나가는 것입니다.

당신들 설마 구식의 국유화를 얘기하고 계신 것 아니죠?

물론입니다. 국유화 자체는 인민대중의 필요를 충족시키는 계획과 얼마든지 다를 수 있습니다.

러시아에서든 남한의 철강 또는 전력 산업에서든 국가는 핵심 경제분야를 직접 장악하여 해외의 경쟁자들과 경쟁할 수 있도록 지도합니다. 한국통신과 경쟁하는 데이콤 역시 국유 기업체입니다.

국유 산업체는 대중의 민주적 통제를 받지 않았으며, 사회의 필요를 충족시키기 위해 무엇이 필요한가를 노동자들이 결정하지도 않았습니다. 그 대신, 사적 거대기업의 경영자들과 똑같이 행동하는 관료들을 국가가 임명했습니다. 여전히 이윤, 경쟁, 그리고 착취가 가장 주요한 목표였습니다.

국유화된 산업들의 개성 없는 관료군(群)은 인민대중이 그 어느 거대기업도 통제하지 못하고 있음을 반영했습니다. 국유기업들은 "우리 것"이 아니라 "저들의 것"이었습니다.

그러나, 사회주의와 사회주의적 계획은 노동자들이 자기들이 무엇을 어떻게 생산해야 하는가를 집단적으로, 그러므로 민주적으로 결정하는 체제입니다.

물론, 그것은 단지 개별 직장 차원에서는 이루어질 수 없습니다. 비록 그에 바탕을 두어야 하기는 하지만요. 사회의 필요를 충족시키기 위해 가용 자원을 어떻게 배분하는가 하는 문제를 놓고 다른 공장과 산업에서 선출된 노동자들과의 토론이 필요할 것이고, 다른 지역과 다른 나라에서 선출된 노동자들과도 토론해야 할 것입니다.

오늘날 대부분의 노동자들은 노동에서 소외되어 있습니다. 그 이유는 그들이 자신들의 노동과 생활을 통제하지 못하기 때문입니다. 노동자들은 단지 생존에 필요한 만큼의 돈을 버는 한편 사장을 위해 이윤을 만들어 주기 위해 일하고 있습니다.

그러나, 일반적으로 사장보다 노동자들이 어떻게 낭비를 줄일지 또는 더 많고 더 질 좋은 재화들을 어떻게 생산할지에 대해 더 잘 압니다.(직장에 다녀 보신 독자는 이를 금방 아실 수 있을 것입니다.) 만약 노동자들이 통제권을 쥐게 되고 자기들 자신의 필요를 충족시키기 위해 일하고 또 그런 계획을 세울 수만 있다면, 광대한 양의 비축된 지식과 창조적 잠재력이 해방될 수 있을 것입니다.

그런데 기술전문가는 필요한 것 아닙니까?

그렇습니다. 외과의사가 환자 신체의 어디를 절단해야 할지를 놓고 노동대중이 토론하고 투표해야 한다고 우기는 바보는 없을 것입니다. 또, 배를 건조하거나 철로를 놓을 때 필요한 역학 법칙에 관한 토론과 투표는 우스꽝스러운 일일 것입니다. 전문 지식을 이해하고 실제로 적용할 줄 아는 사람들은 필요합니다.

그러나, 문제는 그러한 전문가들이 이윤 추구를 목표로 삼는 사장이라는 소수집단의 지시에 따라 움직인다는 것입니다. 하지만 그들은 사회의 필요를 충족시키는 것을 목표로 삼는 다수의 민주적 통제 하에서도 일할 수 있을 것입니다. 사실, 대다수의 전문가들은 그러한 상황 속에서 더 잘 일할 수도 있습니다. 그들이 가진 지식은 그들의 일을 훨씬 더 만족스런 것으로 만들 진정으로 유용한 목적에 이바지할 것이기 때문입니다.

일반적으로 말해서, 무엇을 생산할 것인가에 관한 결정들은 필요한 전문지식을 가진 사람들의 얘기를 듣고 그들과 토의한 끝에 다수에 의해 내려질 것입니다. 그러므로, 이러저러한 종류의 보건사업이나 이러저러한 유형의 수송체계에 자원을 배분할 것인가 말 것인가에 대한 결정들은 공장위원회와 노동자평의회에서 민주적으로 취해질 것입니다. 물론, 그러한 계획들의 세부적 실행에는 그에 필요한 전문기술을 가진 사람들이 필요하게 될 것입니다.

마치 유토피아를 설계하고 계신 것같이 들리는데요?

아무도 이런 종류의 민주적 계획이 하루아침에, 일련의 투쟁들이나 논쟁들 또는 실패 없이 이루어질 수 있다고 시사하지는 않을 겁니다.

출발점은 현재의 사장들과 지배자들의 통제를 분쇄하고 노동자들이 공장과 광산과 사무실 등을 통제하는 것일 겁니다. 그러면 어떤 일들은 비교적 간단하고 수월하게 수행될 수 있을 겁니다. 주택 문제를 예로 들어 봅시다. 거대 건물들과 별장들 및 호화주택들을 아파트로 바꾸어 버리면 해당 도시의 무주택자들을 거기서 살릴 수 있게 될 것입니다. 군비와 광고에 들어가는 엄청난 낭비는 또 다른 예입니다. 거기에 배분되는 자원들은 유용한 재화의 생산에 신속하게 돌릴 수 있을 것입니다. 역사상 이러한 분야에서 일하는 노동자들이 이와 관련된 계획들을 제시한 적이 있었습니다. 그러한 계획들이 실현되려면 먼저 사장들의 힘이 분쇄되어야 했지만, 그러나 그 계획들은 어쨌든 가능성을 암시해 주었습니다.

어떤 분야는 해결하기가 더 어렵고 시간도 더 오래 걸리는 것이 있습니다. 나라 전체에 걸쳐 또는 국제적으로 생산을 조직하는 것은 결코 하루아침에 이루어질 수 없습니다.

일정 기간 동안 여전히 시장경제의 요소들이 — 그 결함에도 불구하고 — 생산과 소비의 조화를 이루기 위한 유일한 방도가 될 수도 있습니다. 그러나, 시간이 지남에 따라 시장경제의 여러 측면들은 의식적인 민주적 계획에 갈수록 종속될 수 있을 것입니다.

수많은, 예견하지 못했던 난관들과 실책들이 있을 것임에는 의문의 여지가 없습니다. 그러나, 그 과정은 수백만, 수천만의 노동자들이 그들의 엄청난 활력과 능력으로써 문제를 해결해 나아가고 인간의 필요를 충족시키기 위해 계획하고 생산하기 시작하는 과정일 것입니다.

과연 시장경제가 대안일까?

'부(富)와 자유와 민주주의 — 바로 이것이야말로 동독인들의 미래이다!' 바로 이것이 1989년 11월 9일 베를린 장벽이 무너질 때 매스미디어가 떠들어 댔던 바이다. 2년 남짓이 지난 오늘날, 과연 이것이 사실일까?

베를린 장벽이 무너진 뒤 몇 주 또는 몇 달 만에 체코슬로바키아·루마니아·불가리아의 스탈린주의 정권들도 무너졌다. 서방은 연일 신나서 시장이야말로 갈 길이라고 외쳐 댔다. 그리고, "자유민주주의 만세!"

2년이 지난 오늘, 바로 그 때 그 사람들, 시장과 서방식 '민주주의'를 찬미하던 바로 그 사람들은 침묵을 지키거나 다소간 자신 없이 얘기하기 시작했다. 그들의 예언 가운데 어느 하나도 실현되지 않았다. 그리고 실현될 가망도 없다.

이 글은 《사회주의 노동자》 창간호(1992년 3월)에 실린 것이다.

전에 동구권을 지배했던 명령경제는 실패했다. 그러나 시장이 번영을 가져오지는 않았다. 단지 불행을 증대시켰을 뿐이다.

예언과 현실 사이의 첨예한 대조는 "충격요법" — 명령경제에서 시장경제로 급속히 이행하기 — 이 엄격하게 강제된 두 나라에서 더욱 두드러진다. 구동독과 폴란드는 모두 그 동안 사유기업이 일반화되고, 식료품과 임대료 보조금이 삭감되었으며, 시장력이 고삐 풀린 망아지처럼 날뛰었다.

그 결과는 1990년초 이래 구동독에서 산업과 기업체의 폐업으로 말미암아 경제의 20%가 수축되었다는 것이다. 산업생산은 1990년 상반기 동안 놀랍게도 40%나 떨어졌다. 1990년 7월에서 1991년 2월 사이에도 또다시 40%가 떨어졌다.

일자리에 미친 영향은 재앙 그 자체였다. 1991년 2월경, 구동독인들의 거의 3분의 1 가량이 일자리를 잃은 상태였거나 조업단축 상태였다. 실업자 수는 1990년 7월 27만에서 오늘날 1백만 이상으로 뛰었다. 1992년 여름쯤에는 150만이 실업 상태에 있을 것이라고 한다. 수백만 노동자들이 조업단축 상태에 있다. 수십만은 매일 서독 지역으로 출퇴근해야 한다. 임대료와 전기요금은 네 배로 뛰었다. 기본 식료품과 의류의 가격은 대부분 세 배로 또는 심지어 네 배로 뛰었다.

서독 경제가 경기후퇴 국면에 들어가고 소련 경제가 비틀거리고 있으므로 — 그런데 이 두 경제에 구동독 지역 경제가 가장 크게 의존해 있다 — 단기적인 회복전망은 보이지 않고 있다.

서방 투자가들이 1989년 구동독 지역에 하겠다고 약속했던 대규모 투자는 이루어지지 않고 있다. 물론 그 밖의 다른 동구권 지역에 대해서도 그들은 약속을 지키지 않고 있다. 그 동안에 투자된 알량한 액수는 "버찌 따먹기"라고들 부르는 식의 것이었다. 즉 "가장 효율적인 부문에 대한 지극히 선택적인 투자"였다.

폴란드 대중에게는 삶이 더욱 고달프다. 파산으로 말미암은 직장 폐쇄 때문에 폴란드의 산업생산은 1990년보다 5분의 1이 감소했다. 실업자 수는 거의 2백만에 이른다. 이것은 전체 노동력의 15%에 해당하는 것이다. 지난 2년 동안 실질임금이 30%나 하락했다. 생활비는 40%가 상승했다.

다른 모든 동구권 국가들이 비슷한 곤궁을 겪고 있다. 가장 부유한 나라 가운데 하나이며 외국인 투자의 덕을 그래도 가장 많이 본 나라인 헝가리는 지난 1년 동안 산업생산이 18.3%나 하락했다. 역시 그러한 나라이며 현재로서는 경제 상태가 그중 낫다고 하는 체코슬로바키아 경제도 올해와 내년 사이에 14%가 수축될 전망이라고 한다.

알바니아에서는 이미 스탈린주의자들이 물러날 때 명령경제가 완전히 붕괴 상태에 이르렀다. 실업 외에도 기근이 온 나라를 휩쓸고 있다.

한때 동구의 위성국들을 먹여살렸던 소련 경제는 말뜻 그대로 붕락(崩落)했다. 산업생산은 거의 5분의 1이 감소했다. 식량 생산과 분배는 혼란 상태에 빠져 있다. 석탄·석유의 엄청난 부족 때문에 겨울인데도 동력 공급이 대폭 감축되었다. 각 공화국이 위기를 면해 보고자 불환지폐를 남발하다보니 인플레는 천정을 모르고 솟아오르고 있다.

그런데도 — 그리고 구동독과 폴란드의 사례가 실증하고 있는데도 — 보리스 옐친은 급속하고 광범한 기업 사유화와 식료품 및 임대료 보조금 대폭 감축을 제안해 놓고 있는 상태이다.

소련 주재 미국 대사가 "가두에서의 자생적 폭동"을 우려하고 있는 것도 놀랄 만한 일이 아니다. 서방의 경제학자들이 자신들의 초기 예측을 철회하고 있는 것도 놀랄 만한 일이 아니다. EC 국가들이 동구권 국가들의 정회원 가입을 심드렁하게 생각하는 것도 — 그들은 한 세대쯤 걸릴 것이라고 보고 있다 — 놀랄 만한 일이 아니다.

'자유' 시장으로의 이행이 정말 자유를 가져다 주었는가? 그럼, 아무렴 그렇고 말고. 구 스탈린주의 산업체 경영자들과 관료들처럼 값싼 불하를 통해 부를 축적할 수 있었던 자들에게는 그랬다. 그러나, 나머지 사람들에게 시장은 식료품을 배급받기 위해 늘어선 줄에 서서 기다릴 필요가 없게 해 주었을지 모르지만, 문제는 물건을 살 돈이 없다는 것이다. 상점 주인과 공장 소유자는 하고 싶은 대로 할 수 있다. 노동자들은 하고픈 것을 할 수 없다. 시장이 그들을 더욱 궁핍화시켰기 때문이다. 언론도 스탈린주의 관료에서 서방의 언론 재벌로 손이 바뀌었을 뿐이다. 시장경제는 있는 자들의 천국이다.

거의 매주, 동구의 각 나라에서 비밀경찰들 — 동독의 슈타지, 루마니아의 세큐리타테, 헝가리의 AVO 등등 — 이 여전히 거리를 활보하고 있음이 폭로되고 있다. 이제 이자들은 제복을 바꿔 입고서 지도적인 개혁파들을 위해 일하고 있다.

지난 2년간의 탈스탈린주의화 과정이 형식적 민주주의의 증대를 가져왔음은 부인할 수 없는 사실일 게다. 거의 모든 나라에서 정당은 합법화되어 있다. 마침내 사람들은 여러 다른 정책과 후보자 중 자기 맘에 드는 정책과 사람을 고를 수 있게 되었다. 그러나 거기서 다양한 정당들 사이의 차이는 여기서 민자당과 민주당 및 민중당 사이의 차이만큼이나 적다. 그들 모두가 자유시장 자본주의의 다양한 변종들만을 제안할 뿐이다. 동구의 인민 대중은 이를 피부로 느껴 알고 있다. 지난 10월 말의 폴란드 총선에서 유권자의 60%가 기권했다는 사실이 이 점을 입증해 준다. 지난 60년 만에 처음으로 누려 본 자유 선거였는데도 말이다.

자본주의는 그나마 나은 대안인가?

1930년대 대공황 이후 최대 경제 위기가 전 세계를 강타했다. 최근에는 경제가 조금 회복하는 듯 보이지만 불안정이 지속되면서 해고, 임금 삭감, 복지 축소가 전 세계에서 벌어지고 있다.

평범한 사람들은 이번 경제 위기 전부터 높은 실업률과 소득 격차 확대 등 양극화로 삶이 어려웠는데, 이제 더욱 허리띠를 졸라매야 한다는 얘기를 듣고 있다.

그래도 많은 사람들은 여전히 자본주의 외에는 대안이 없지 않냐고 생각한다. 다양한 상품을 충분하게 생산하며 인간의 욕구를 충족시키는 자본주의가 현실 가능한 그나마 나은 대안이라는 것이다.

자본주의 이전 사회에서는 흔히 많은 사람들이 굶주림과 질병으로 죽고, 부족한 물자를 아껴 써 왔단 사실을 누구나 알고 있다. 자본주의는 새로운 기술을 적용해 끊임없이 혁신하며, 모든 사람들이

〈레프트21〉 29호, 2010년 4월 8일. https://wspaper.org/article/7934.

먹고 입기에 충분할 만큼 상품을 생산할 수 있는 능력을 가져 왔다.

그래서 1백60년 전에 자본주의가 전 세계로 번져갈 무렵, 마르크스는 자본주의가 "겨우 1백 년도 못 되는 기간에 과거의 모든 세대를 합친 것보다 훨씬 더 많은, 거대한 생산력을 창출해 냈다" 하고 인정했다.

그런데 이런 생산 혁신은 자본가들의 냉혹한 이윤 추구 과정에서 나왔다. 이제 생산은 사람들의 필요가 아니라 자본가들이 이윤을 얻을 수 있느냐에 좌우된다.

그리고 이윤 논리가 이제는 생산력을 충분히 사용하는 것을 가로막고 오히려 그것을 파괴하는 구실을 한다. 가장 적나라한 예는 전 세계 사람들을 비만으로 만들 만큼 충분한 곡물이 생산되는데도 수억 명이 굶주림에 시달리는 것이다.

이윤 논리는 재앙을 불러 올 기후변화도 낳고 있다. 자본가들은 이윤을 뺏기거나 줄어들까 봐 재앙으로 가는 환경 파괴와 이산화탄소 배출을 멈추지 않고 있다.

공황

설사 이런 문제들이 있더라도 자본주의 사회가 계속 발전하면, 점차 빈곤이 사라지고 기후변화 같은 문제도 해결되지 않을까 하고 생각할 수 있다.

그러나 마르크스는 생산력을 대규모로 파괴하는 공황을 자본주의는 피할 수 없다고 지적했다. 실제로 1930년대 대공황뿐 아니라 1970년대 말, 1990년대 초, 1997~98년 그리고 이번 경제 위기까지 공황은 계속됐다. 생산이 급작스럽게 중단되는 공황 때, 멀쩡한 자원과 설비 등은 대규모로 파괴되고 사람들은 끔찍한 고통을 받게 된다.

마르크스는 자본가들이 더 많은 이윤을 얻기 위해 경쟁하는 과정이 공황을 낳는다고 지적했다.

자본가는 더 많은 이윤을 얻으려고 다른 자본가들보다 효율적인 생산방식을 채택하려 애쓴다. 보통 더 효율적인 생산방식은 노동자 한 사람이 사용하는 설비와 기계류가 더 많아진다는 것을 뜻한다.

그래서 시간이 흐를수록 사회 전체에서 공장과 기계류에 대한 투자 비율이 점점 커지고 고용된 노동자들의 수보다 훨씬 더 빠르게 증가한다. 그런데 이윤을 만들어 내는 것은 살아 있는 노동자들의 노동이다. 따라서 이윤율은 점차 하락하게 된다.

이윤율이 떨어져 자본가들이 투자를 줄이면 생산된 제품이 소비되지 못하면서 생산은 급작스럽게 중단되고 공황으로 치닫게 된다.

경제 위기 시기에 자본가들은 노동자 해고, 임금 삭감, 복지 축소 등으로 고통을 전가하며 이윤율을 회복하려 한다. 대규모 실업이 발생하고 직장에 남은 노동자들은 더 장시간 일해야 한다.

실제로 1980년대 미국의 노동시간은 40시간에서 48시간으로 오히려 늘었고, 이번 위기 전에 미국의 최저임금은 그전 20년 동안 20퍼센트 하락했다. 몇몇 아프리카 국가들은 GDP가 정체하거나 줄기도 했다.

자본주의가 지속되더라도 점차 우리의 삶이 나아질 것이란 기대는 실현 가능성이 거의 없는 것이다. 더구나 자본주의가 노후화되면서 경제 위기는 더 자주 오고 더 길어지며 쉽게 해결되지 않는 경향이 있다.

무엇보다 자본주의 위기는 끔찍한 야만으로 연결될 수 있다. 1930년대 대공황은 파시즘, 유대인 대학살, 제2차세계대전이라는 끔찍한 참상을 낳은 바 있다.

계획

이런 불합리에 대한 사회주의적 대안은 간단하다. 생산수단을 독점하고 있는 자본가들이 이윤에 따라 좌우하는 생산 시스템을 진정한 민주주의로 교체하는 것이다.

대중이 경제적 우선순위를 민주적으로 결정하고 그런 경제적 목표를 달성하기 위해 계획을 수립하고 서로 협력한다면, 일하고자 하는 사람과 기계는 여전히 있는데 생산이 중단되고 사람들은 고통받는 불합리한 상황을 끝낼 수 있다.

흔히 그런 대안은 이상적이지만 현실성은 없다고 한다. 현대 사회는 너무 복잡해서 그런 계획이 실현될 수 없다는 것이다. 그러나 현대 사회에서 주요 제품은 몇몇 기업들이 생산을 전담하고 있는 경우가 대부분이고, 이들 주요 대기업은 모두 나름대로 계획을 세운다.

현대와 도요타 같은 자동차 회사들은 몇 년 전부터 생산 계획을 짜고 공장을 확대하거나, 수많은 자동차 부품을 생산한다. 자동차뿐 아니라 TV, 핸드폰 심지어 음료수, 치약까지 몇몇 대기업들이 생산을 장악하고 나름대로 계획을 짜고 있다.

이윤 경쟁 때문에 파괴적 결과로 연결되는 이런 계획을 대중의 필요를 위한 민주적 계획으로 바꾸자는 주장은 전혀 비현실적이지 않다.

끝으로, 옛 소련과 동구권에서 그런 시도는 실패하지 않았느냐고 물을 수 있다.

그러나 이들 사회에는 생산에 대한 아래로부터의 민주적 결정이 없었다. 옛 소련에서 지배자들의 목표는 서방과의 군사적 경쟁에 모든 것을 종속시키는 것이었다. 전투기와 미사일 같은 최첨단 무기는 미국과 견줄 만한 것들을 생산하지만, 대중의 삶에 필요한 제품을 생산하는 데는 인색했다.

이것은 서방 자본주의와 다른 형태이긴 하지만 자본 축적에 노동자들의 삶을 종속시킨다는 점에서 공통점이 있었다.

생산을 민주적으로 통제하는 것은 불가능하지 않다. 사회가 이렇게 운영되지 않는 것은 오늘날 부의 생산을 통제하고 소유한 자들이 자신들의 기득권을 지키려고 온 힘을 다해 저항하기 때문이다. 체제의 부를 생산하는 노동계급의 대규모 투쟁만이 이윤을 위한 생산 체제를 끝장내고 사람들의 필요를 충족하는 체제를 만들 수 있다.

계획경제는 불가능한가?

2008년 말, 세계의 심장부 미국에서 대규모 경제 불황이 시작됐다. "월가의 기적"이 산산조각 나는 순간이었다.

사람들은 '시장의 보이지 않는 손이 모든 문제를 해결한다'는 신화에 의문을 던지기 시작했다. 마이클 무어도 영화 〈자본주의: 러브스토리〉에서 자유시장의 작동방식에 통렬한 비판을 제기했다.

"왜 고통을 겪는 건 항상 가난한 자들인가? 왜 [카트리나 참사 때] 지붕에서 도움을 청하는 건 … 시티뱅크 회장, 골드만삭스 헤지펀드 매니저, AIG의 CEO 같은 사람들이 아닌가?"

마이클 무어는 이렇게도 말했다.

"자본주의는 악입니다. 악은 통제할 수 없습니다. 아예 근절하고 모두를 위해 좋은 것으로 교체해야 합니다."

마이클 무어가 사회주의자가 된 건가?

박설. 〈레프트21〉 35호, 2010년 7월 1일. https://wspaper.org/article/8355.

물론, 그렇지는 않다. 하지만 세계경제 위기 속에서 수많은 사람들이 그랬듯이, 마이클 무어도 '시장의 조정 능력'이라는 게 거짓일 뿐이며 체제가 노동계급에게 끔찍한 고통을 가하고 있음을 목격했다.

세계경제는 지난해부터 회복한 듯 보이지만, 유로존의 위기와 어른거리는 더블딥 가능성이 여전히 앞날을 어둡게 만들고 있다. 이 속에서 전문가들이 내놓은 대책은 고작 기업들의 생존을 최대한 보장해 현 시기를 잘 넘겨보자는 식이다. 긴축이든 경기부양이든 위기를 근본으로 해결할 대안이 되지 못하고 있다.

〈파이낸셜 타임스〉의 수석 경제 평론가인 마틴 울프조차 "위기의 재발을 방지하는 것"은 "솔직히 불가능하다"고 시인했다. 그가 말할 수 있는 것이라곤 기껏해야 자본주의가 "가장 덜 나쁜 체제"라는 항변이었다.

그렇다면 우리에게 대안은 있는가?

일찍이 마르크스주의가 제안해 온 민주적 계획경제가 그 대안이 될 수 있다.

물론, 어떤 사람들은 이렇게 말할 수 있다. '계획경제라니! 그것은 경제에 성장 동기를 전혀 부여하지 못하는 북한의 낡은 방식이 아니던가?'

시장의 동기부여가 일할 의욕을 만들고 인류를 가난에서 벗어나게 한다는 얘기는 이 사회의 '상식'으로 통한다.

그러나 사람들을 무기력한 임금 노예로 만드는 시장경제는 노동자들에게서 창의력과 일할 의욕을 빼앗아 왔다.

시장 경제의 성장 '동기'는 오직 이윤 경쟁이며, 이 무정부적인 이윤 경쟁은 지금의 위기를 만든 장본인이다. 그리고 이 이윤 논리는 지금 수많은 노동자들의 임금·복지와 일자리를 위협하는 주범이다.

더구나 지금 시장주의자들마저 '시장 실패' 상황에선 국가의 인위적 개입이 필요하다는 것을 인정한다. 2008년 세계 주요 국가들은 은행 국유화 등을 통해 위기의 확산을 막으려 발버둥쳤다.

물론, 마르크스주의가 말하는 계획은 이명박이나 오마바 식의 국가 개입과 완전히 다르다. 이명박과 오바마가 부자들을 살리려고 시장경제에 개입했다면, 마르크스주의자들은 노동자·민중의 필요라는 정반대의 가치를 위한 개입과 계획을 말한다.

우선순위

민주적 계획경제는 꼭 필요하다.

당장에 기후변화가 인류를 위협하고 있다는 점에서 그렇다. 자본주의는 인류의 가장 중차대한 문제 중 하나인 기후변화를 해결할 능력이 없다. 시장경제의 우선순위 때문에 그렇다.

석유와 자동차 경제에 절대적 이해관계가 있는 거대 기업과 정부들은 시장에서의 이윤 경쟁에 매달리며 인류의 생존과 미래를 내팽개치고 있다.

그러나 만약 경제가 이윤이 아니라 대중의 필요에 우선순위를 두고 작동한다면, 풍력·파력·태양력 같은 친환경 에너지를 즉시 도입하고, 친환경 대중교통, 특히 지하철과 기차와 버스 등에 막대한 자금을 투자할 수 있을 것이다.

똑같은 원칙을 주택·복지·일자리 등의 문제를 해결하는 데에도 적용할 수 있다.

물론, 많은 사람들이 전 국가, 전 지구적 차원의 계획을 세우는 일은 불가능하다고 여길 수 있다.

그러나 국가적 또는 국제적 수준에서 투자의 우선순위와 방향을 결정한다면, 지역 수준의 협력적 기구들이 이에 바탕을 두고 생산과 분배를 조직할 수 있다.

사실 계획은 자본주의 사회에서도 생소한 것이 아니다. 개별 기업들은 매년, 매분기, 매달, 심지어 매일매일의 계획을 세우고 운영해 왔다. 그렇다면, 왜 이윤 확보를 위한 개별 기업들의 계획을 전 사회적 필요에 따른 계획으로 대체할 수 없단 말인가?

이런 집단적이고 민주적인 계획 조처들은 과거 소련이나 북한의 계획경제와는 다르다. 소수 특권을 두고 관료들이 권력을 독점해서, 인민은 굶주리는 데 미국·남한과의 경쟁을 위해 미사일·핵무기에 우선 투자하는 것은 관료적 지령경제지 민주적 계획경제가 아니다.

따라서 문제는 아래로부터의 민주적 통제에 바탕을 두고 인류의 필요를 위해 생산·분배하는 것이다. 이 과정에서 민주적 선출권뿐만 아니라, 소환권이 실질적으로 대중에게 주어져야 함은 물론이다.

1917년 러시아 혁명은 민주적 계획경제의 가능성을 보여 준 위대한 사례다. 우리가 이런 대안을 선택할 수 있느냐 없느냐는 오로지 노동계급의 투쟁에 달려 있다.

사회주의와 공산주의 — 새로운 세계를 만들기

더 나은 세계를 만들려는 투쟁에 대해 얘기하다 보면 꼭 나오는 질문이 있다. "사회주의가 무엇입니까?" "공산주의와 같은 것인가요?" 오랫동안 공산주의는 재산을 공동으로 소유하고 사회 질서가 공정한 미래 사회를 뜻했다.

카를 마르크스와 프리드리히 엥겔스는 노동자 운동의 목표를 공산주의로 정의했다. 나중에는 사회주의라는 말을 더 애용했다.

혁명 후, 러시아 볼셰비키당은 19세기 말 사회주의 정당을 뜻하던 '사회민주당'에서 '공산당'으로 명칭을 바꾸었다.

스탈린주의가 득세해 공산주의라는 말을 더럽히고부터 대다수 좌파들은 사회주의자로 불리길 원했다.

———

개러스 젱킨스. 〈맞불〉 36호, 2007년 3월 20일. https://wspaper.org/article/3988.
영국 사회주의자 개러스 젱킨스가 진정한 사회주의(또는 공산주의) 사회의 모습에 대해 설명한다.

이것은 단지 용어 문제인가? 한편으로, 우리가 어떤 용어를 사용할지는 별로 중요하지 않아 보인다.

그러나 미래 사회주의 또는 공산주의 사회는 노동자와 빈민 다수의 대중 행동을 통해 '아래로부터'만 건설될 수 있음을 명확히 해야 한다.

마르크스가 1852년에 "프롤레타리아 독재"를 말했을 때, 그는 요시프 스탈린이 1920년대에 반혁명으로 권력을 잡은 후 자행한 독재를 뜻한 게 아니었다.

마르크스의 말은 노동자들이 옛 착취 계급을 몰아내려면 자신의 국가를 건설해야 한다는 것이었다. 마르크스가 말했듯이 노동계급의 해방은 노동계급 자신의 행동일 것이다.

마르크스와 엥겔스는 노동자가 변화를 가져올 수 없고, 또 그래서는 안 된다는 사상인 '위로부터의 사회주의'를 거부했다.

19세기 초에 공상적 사회주의자들은 자본주의를 탁월하게 비판했을 뿐 아니라 사회가 어떻게 재편될 수 있는지에 대해 고무적인 비전을 발전시켰다.

그러나 공상적 사회주의자들은 노동자들을 무기력한 희생자로 여겼다. 따라서 소수의 선각자들이 노동자들을 대신해 행동해야 한다고 주장했다. 마르크스와 엥겔스는 공상적 사회주의자들이 엘리트주의에 빠져 있다고 비판했다.

사회주의나 공산주의는 똑똑한 사람들이 사회에 적용하려고 만들어 낸 것이 아니다. 그것은 기업주와 노동자들 사이에서 벌어지는 현실의 계급투쟁을 표현한 것이다. 노동계급 투쟁이 완전히 성공했을 때 사회주의나 공산주의가 실현될 것이다.

따라서 사회주의와 공산주의에 관한 주장은 부분적으로는 변화를 추구하는 운동 자체의 성격에 대한 것이다. 혁명적 변화를 일으킬 사람들에게 이런저런 사회를 건설하라고 강요할 수는 없다.

그러나 그렇다고 해서 혁명 후 등장할 사회의 모습과 사회주의나 공산주의 사회로 나아가기 위해 무엇을 해야 할지에 대해 아무 말도 할 수 없는가?

마르크스는 혁명 직후 무엇이 가능할지를 고민했다. 마르크스는 계급도 국가도 없고 인간의 개성을 완전하게 발전시키는 진정으로 자유롭고 협력적인 사회로 어떻게 나아갈 수 있을지를 탐구했다.

공산주의 사회

러시아 혁명가 블라디미르 레닌은 1917년에 《국가와 혁명》이라는 소책자를 썼다. 이 책은 혁명 후 등장할 공산주의 사회의 첫 단계와 더 높은 단계의 관계를 논의했다. 레닌은 이것을 사회주의와 공산주의의 차이로 보았다.

마르크스는 승리한 노동계급이 자본주의 사회에서 물려받은 '노동의 성과'를 어떻게 처리할지에서 시작했다. 사회의 총 생산물은 사회의 통제를 받을 것이다.

사회의 총 생산물을 모두 개인에게 나눠줄 수는 없다. 사회주의 사회는 설비·자재의 교체와 확대, 운영비용과 예비비, 복지 지출 등에 각각 얼마나 사용할 것인가를 고민해야 할 것이다.

그리고 나서 생산물 중 얼마가 개인 생산자들에게 분배될지를 생각해야 한다. 이를 위해서는 중앙집권적이면서도 민주적인 노동자 국가가 경제적 자원의 사용 계획을 세울 필요가 있다.

이런 사회주의 사회는 자본주의와 비교해 한 가지 큰 장점이 있다. 개인과 그들이 생산한 생산물 사이의 관계가 변할 것이다.

자본주의에서 개인과 생산물의 관계는 간접적이다. 개인들은 자신들이 생산하는 것을 통제할 수 없다. 그들은 시장의 무계획성에 종속되며, [인간의] 필요보다 이윤이 먼저다.

개인들은 자신의 노동력을 팔고 임금을 받으며, 생산물의 아주 작은 부분만을 매우 제한적으로 사용할 수 있다.

사회주의에서 개인과 생산물의 관계는 직접적일 것이다. 개인들은 자신들이 생산한 것을 집단적으로 통제할 것이다. 그들은 더는 임금을 위해 노동력을 팔지 않아도 된다.

그들은 사회와 개인의 필요를 충족하기 위해 사회의 생산물을 어떻게 배분할지를 집단적으로 결정할 것이다.

개인들이 이렇게 할 수 있는 것은 아래로부터의 혁명으로 자본가 계급이 쫓겨났기 때문이다. 이 과정은 비교적 짧은 시간 안에 완성돼야 할 것이다. 자본가 계급을 권좌에서 밀어내는 것은 점진적으로 이뤄질 수 없기 때문이다.

[혁명으로] 노동 대중의 권력이 보장될 것이다. 1917년 러시아 혁명 때 노동자 평의회(소비에트)가 나타난 것처럼 혁명 과정에서 노동 대중이 자본주의 국가와는 완전히 다른 국가를 세울 것이기 때문이다.

그런 국가가 존재한다는 것은 노동 대중이 사회의 모든 측면을 통제한다는 뜻이다.

높은 단계

그러나 혁명이 빠른 속도로 일어나는 일인 반면, 새로운 사회 건설은 그렇지 않다. 첫 단계에서 더 높은 단계로 이동하기 위한 능력을 기르는 것은 훨씬 더 느린 과정이다.

마르크스는 이렇게 말했다. "여기서 우리가 말하는 공산주의 사회는 스스로 자라난 것이 아니라 자본주의 사회에서 이제 막 탄생한 것이다."

이런 새로운 사회는 "경제적·도덕적·지적으로 자신이 태어난 자궁인 옛 사회의 흔적을 지니고 있을 것이다."

따라서 부분적으로 옛 관계들이 지속될 것이며, 특히 사회 생산물에 대한 개인 지분 면에서 그럴 것이다.

개인은 자신의 노동을 사회에 제공하고 증서를 받을 것이며, 그 증서는 개인의 필요를 충족하기 위해 [노동의] 등가물을 사회에 청구할 수 있는 권리를 줄 것이다.

형식을 보면 새로운 사회는 상당 기간 여전히 옛 사회의 임금 관계를 반영할 것이다.

그러나 이 관계의 내용은 다를 것이다. 아무도 "거액 연봉"을 받지 못할 것이다. "거액 연봉"은 '노동'이 아니라 착취할 수 있는 능력을 반영하는 것이다. 아무도 자신의 '소득'으로 생산수단, 즉 착취 수단을 살 수 없다.

자본주의가 약속했지만 지키기 못한 진정한 평등이 처음으로 구현될 것이다. 개인이 제공한 노동에 따라 사회 생산물이 개인에게 공정하게 분배될 것이다.

이런 원리를 오늘날에 맞게 적용하는 것은 쉬운 일이다. 첫째, 자본주의에서 생산되는 온갖 낭비(무기·광고·경영)가 아니라 광범한 다수 시민들의 이익을 증진할 것들(더 나은 주택·학교·보건)을 생산하는 데로 자원을 집중할 수 있을 것이다.

재분배

둘째, 너무 어리거나 늙거나 아파서 일을 못 하는 사람들에게 부를 대거 재분배할 수 있게 될 것이다. 보육 시설, 가족 수당, 연금, 질병 수당 등이 크게 증가할 것이다. 마지막으로, 새로운 사회는 높은 수준의 고정된 기본 소득을 보장할 것이다.

이 모든 것은 노동시간을 단축시켜, 사람들이 정책 결정 과정에 참가하고 문화적으로 자기 계발을 하기가 좀 더 수월해질 것이다.

러시아는 가난한 나라였지만 1917년 혁명 후 러시아에서 이런 개혁 중 일부가 시행됐다. 경제적으로 훨씬 발전한 오늘날의 선진 공업국들에서는 훨씬 더 쉬울 것이다.

그러나 이것은 시작일 뿐이다. 사회적·개인적 욕구에 맞춰 생산이 발전함에 따라 인간도 인간성을 발전시킬 수 있을 것이다. 풍요 덕분에, 생활 필수품을 둘러싼 개인 간 경쟁도 사라질 것이다.

경쟁이 인종차별과 성차별의 모습으로 드러나는 역겨운 일들도 사라질 것이다. 한 사람을 평생 동안 한 가지 일만 하도록 묶어 두는 분업과, 우리를 지리멸렬에 빠뜨리는 육체 노동과 정신 노동 사이의 분리도 종말을 고할 것이다.

진정한 평등이 이뤄지면 개인들의 능력과 욕구가 불균등한 사실에 대처할 필요가 대두할 것이다.

노동자 국가도 소멸하기 시작할 것이다. 과거의 모든 계급 사회에서는 소수가 다수를 착취했고 국가를 통해서만 지배를 보장받을 수 있었다.

착취가 종식되고 다수인 계급이 사회를 통제하게 되면, 사회의 특징 중 강압이 사라지고, 어떤 형태의 국가도 필요하지 않게 될 것이다. 따라서 사회가 더는 계급 사회가 아니고 생산자들의 연합 권력이 되면서 심지어 '프롤레타리아 독재'도 사라질 것이다. 한 차원 더 높은 공산주의 사회가 나타날 것이다.

청년 마르크스는 더 고차원의 공산주의 사회에서는 모든 사람이 자신이 좋아하는 "분야 모두에서 뛰어날 것"이라고 말했다.

사회가 "전반적 생산을 규제하게 되고, 바로 이를 통해, 내가 하고 싶은 그대로 오늘은 이 일을 내일은 저 일을 하는 것, 사냥꾼도 어부도 목동도 비평가도 되지 않고도 아침에는 사냥하고 오후에는 낚시하고 저녁에는 소를 치며 저녁식사 후에는 비평하는 일이 가능하게 된다."

우리는 대부분 다른 일을 하고 싶을 것이다. 사회가 일단 생산수단을 충분히 발달시키면 노동 자체가 우리가 항상 벗어나고 싶은 기피 대상이 되지는 않을 것이다.

마르크스가 지적하듯 노동이 "삶의 필수적 욕구"가 될 것이다. 필수이지만 그와 동시에 다른 인간과 주변 세계와 맺는 만족스러운 관계가 될 것이다.

그리고 나면 개인의 전인적 발전이 가능해질 것이며, 사회는 자신의 기치에 "능력에 따라 일하고, 필요에 따라 분배한다"라고 적을 수 있을 것이다.

국제주의 전통 자료집
Ⅱ-2. 자본주의와 그 경제 위기

지은이 | 알렉스 캘리니코스, 크리스 하먼 외 지음
엮은이 | 이정구

펴낸곳 | 도서출판 책갈피
등록 | 1992년 2월 14일(제2014-000019호)
주소 | 서울 성동구 무학봉15길 12 2층
전화 | 02) 2265-6354
팩스 | 02) 2265-6395
이메일 | bookmarx@naver.com
홈페이지 | http://chaekgalpi.com

첫 번째 찍은 날 2018년 8월 27일
네 번째 찍은 날 2019년 2월 18일

값 9,000원
ISBN 978-89-7966-145-3 04300
ISBN 978-89-7966-155-2 (세트)

잘못된 책은 바꿔 드립니다.